低端人口

中國，是地下這幫鼠族撐起來的

Le Peuple des Rats

Dans les sous-sols interdits de la Chine

by Patrick Saint-Paul

派屈克・聖保羅——著
陳文瑤——譯

北京貧富差距在這張照片中一覽無遺。後方是聳立、嶄新的高樓大廈，前方則是破敗、雜亂的移
工住區；兩者間以一堵低矮的磚牆隔離。

圖片提供：達志影像

出租房內部。一名來自中國南方的北漂工人，在他約3坪大小的房內抽菸。
圖片提供：達志影像

父母出門掙錢時，孩子們就在地下房裡自己玩耍。
圖片提供：達志影像

本書第三章提到的人物王秀青過去的住所。他在北京城裡一口井裡住了十多年，被稱為「井底人」。
圖片提供：達志影像

2017年11月8日，北京一場大火奪去19條人命。大火過後，北京市政府開始「安全隱患大排查、大清理、大整治專項行動」，強制驅離住在地下室、低價出租公寓等地方的外來人口。圖為收拾家當的居民。

圖片提供：達志影像

另一處被列進拆遷名單的住宅。很快的，這裡的居民也會接到遷移通知。

圖片提供：鍾權

拆遷的進程很快，房子幾天之內就成了瓦礫堆，後頭還有成排等待被拆除的住宅。
這次清退的行動，被稱作「北京切除」。
圖片提供：鍾權

即使是拆除到一半的住宅，也有流離失所的居民繼續在裡頭暫住。
圖片提供：鍾權

本書名詞解釋——

鼠族：收入不高但又要在大城市裡生存，住不起一般出租房，轉而租地下室而居的一群人。

蟻族：低薪、找不到工作而聚居廉價出租房，有大學文憑的畢業生。

民工：農民工、外來工；為工作自農村移居城市之人。

移工：藉由遷移以找尋、從事勞力工作之勞工。

各界推薦——

派屈克・聖保羅親身帶領我們在他生活的亮麗北京與鼠族居住的地底世界來回穿梭，以筆直指這中間的終極反差，看進地底世界勉強又讓人敬佩的日常生活，看區區電梯上下之間潛居人群的不同面貌——工地工人、留守兒童、外地大學生、為兒子攢錢娶妻的父母、鼠窩裡的房東、有幸的出洞者……訴說發展背後的代價與冷漠、生存的卑微與堅韌，在在顯露出被沒收的尊嚴、體制造就的頑強。

——方怡潔（清華大學人類所助理教授）

在這本書裡，「鼠」、「底層」、「洞穴」既是形容，更是真實寫照。冷戰年代，中國政府下令人民挖掘無數的地下室，但直到今時今日，這些地下室才起到了原本始料未及的作用：成了最底層勞工遮風避雨的處所。這讓作者書寫中國底層時有了一個意象鮮明的切入點。在「盛世中華」的喧天鑼鼓中，這本書描寫了當今中國的另一個，應該和「一帶一路」同樣被看見的真實側面。

——李志德（新聞工作者）

一直一直往下挖，《低端人口：中國，是地下這幫鼠族撐起來的》鑽入中國經濟成就的地底下，直視陽光未曾照拂的底層人生。

——劉happens楓（媒體工作者）

讀這本書像剝洋蔥，一步步揭露中國亮麗經濟下的暗黑底層生活，也一層層內省法國記者的東方主義之眼，嗆辣中讓人心酸。

——藍佩嘉（台灣大學社會系教授）

我想沒有人會夢想自己有天要成為所謂的「低端人口」。

尤其在「中國夢」的急促催動下，多數中國人應都想拉著、依著中國經改的大躍進往前滑翔。為了夢想中的好機會與好日子，許多從農村遷移到沿海或內陸都市的民工，連翅膀都來不及長出就已淪為「鼠族」。

據估計約有一百多萬移工潛居在北京最繁華、富裕區域的地底，他們是中國首都能維持日常運作的基礎勞動力。本書作者在此書從制度及社會關係切入，記錄寄居北京地底移工的日常困境與掙扎，走訪中國內陸探訪留守兒童無法與父母同住的被「遺棄」感，也對應地面上光鮮富裕上層階級的大夢想與奢華。

中國作為國際經濟強權不是靠那些亮眼的數字打造而成，而是靠長期受中國政策歧視，以要不起尊嚴、隨時可能被驅逐的大批「低端人口」，建構起中國政府及富有階層的中國夢。

——沈秀華（清華大學社會學研究所副教授）

作者以深入採訪的方式探討成功中國的另一面，我們也得以觀看他對於這些「鼠族」的理解或觀察，另一個報章媒體少有報導的中國也因為這分紀錄逐漸完整：巨大的貧富差距、人與人之間機會的不對等，還有在階級固化後於貧窮線上努力謀生的群眾。

北京和台北，有一樣的角落。

——林立青（作家）

推薦序

大國光輝照不到的灰色角落

阿潑 文字工作者

不知幸運或不幸，我第一次到北京時，這座城市正大興土木迎接奧運，一個輝煌「盛世」就攤在眼前，而我期待看到的「老北京」只剩幾塊磚。當我走在寬闊的街道上時，出於職業本能的，目光會往邊緣掃，視線會落在角落殘居或是巷弄荒破上，偶爾會停下腳步凝視，有時會拿起相機。看到我老被這樣的景象吸引的北京友人，忍不住發問：「你怎麼老是注意這些破爛啊？北京已經發展了，文明了。這些都破壞我們國家的形象。為什麼不拍那些高樓呢？」

這個北京大學碩士生對自己失敗的導覽或許感到自責，但我也不知道怎麼解釋世人對中國的好奇並不在那光鮮亮麗的表面成績，而是這個日漸強大國家拚命遮掩的、試圖拋棄的內裡——這是最基本的人性。在這趟旅行之前，我只願探索偏鄉部落的風景，卻沒料到「京城」藏著更多世人陌生的東西：農民工、上訪村與城市戶籍的問題。我大開眼界，但當時台灣出版與台灣人很少將注意力放在這裡，快速發展與經濟、兩岸關係與統獨才是顯學。

十年來，關於中國的書寫與討論，因為中共政權的轉換與動作，有比較多的路徑跟方向，出版界也回應了這種多元且深度的探討，相關作品陸續出版。這些作品多經過深度採訪或田野調查，嘗試描繪並解釋當代中國的問題，尤其是那些「不進步、不文明、不自由、不民主」的暗處，而主題多半是農村的、底層的、邊緣的、無權力者的故事。西方記者更是熱中於此，即使這是個新聞不自由的國家，他們也會想辦法在限制中突圍，滿足自己（或讀者）的好奇。

派屈克．聖保羅（Patrick Saint-Paul）的《低端人口：中國，是地下這幫鼠族撐起來的》就是這麼一本書，作者既不賣弄詞藻，也不搬挪理論，就只是直白表述自己採訪這個主題的過程，包含平時如何與國保諜對諜、無法化身偽裝的窘境、中文能力貧乏的困擾……。特別是，這個社會並不想面對「鼠族」存在的事實，只要聖保羅嘗試到地底，就會被警告、驅趕：「第一次在北京地底進行採訪時，才幾分鐘我就被毫不留情地趕了出來。地底的世界是個秘密天地，裡頭的居民畏於透露他們的生活條件而傾向藏匿隱忍……。至於這些地下世界的經營者，他們仗著當局的包庇遊走中國灰色地帶，幹著不怎麼光彩的事，小心戒備地在這些迷宮的入口守著。」

所謂的「鼠族」，即是因無法負擔北京高額房價、租金而生活在地底下的一群人。

根據這本書裡的數據，在北京兩千一百萬人口中，有七百萬是外地來的民工，而其中有超過一百萬住在地底。鼠人不只是民工專屬，正在求職的畢業生、領著低薪的年輕人都是其中的一份子。他們在這城市裡沒有戶籍、沒有保險，沒有什麼基本權利，他們比「底層」還要底，即使城市人十分清楚沒有這些人做會髒了手的雜務、勞動，城市就會癱瘓，但仍視他們為腐臭敗物。他們是政府想要遮掩、驅逐的「低端人口」，只因有礙顏面。

就像我多看民工或破房子兩眼時，我的朋友就說那些「破壞國家形象」一樣，一個地下管理者也以同樣的理由阻止派屈克的採訪，她說：「當地政府禁止外國人參觀地下租房或跟房客講話，這會影響我們國家的形象……你們外國人就只想抹黑我們、想貶低中國。」

我第一次到北京那兩年，就已發生許多驅逐、拆遷的暴力事件。但胡錦濤當政期間，自由派還算有點空間，言論管控與新聞自由不像今日這麼嚴峻，人們還有足夠的機會瞭解，這並不攸關「形象」，而是中國城鄉戶籍制度、司法制度及改革開放以來累積的層層問題。許多人想辦法為民工、弱勢喉舌，許多影片、報導經媒體或網路流傳出去，「鼠族」至少能得到媒體的注意——就像這本書裡的王秀青，他和警察玩了十幾年的「貓抓老鼠」，就在北京奧運那年被推進狗籠送進警局，而當這羞辱人的經歷被中央電視台發現並做成新聞後，意外改善了王秀青的生活。即使他的老家還是「鼠滿為患」。

值得注意的是，不論是「貓抓老鼠」還是無法解決的鼠患，「鼠」在這本書裡有多種寓意跟用法，每一個都指向生態、權力結構與無能翻轉解決的困局。因為這本書不僅僅談北京這城市，不單單只說鼠族這群人的生活，派屈克主要藉著鼠族／民工來談當代中國的政策、制度與問題，例如：城鄉戶籍制度讓民工無法享有城市福利、一胎化政策與嬰兒潮讓上了年紀的人還得進城替自己掙養老金，而中國的教育制度、婚姻傳統習俗都讓收入不多的底層很有壓力——當這些省吃儉用的父母攢了錢，想讓鄉下的孩子讀書、過好生活時，這些「留守兒童」已經認不得他們，或因缺乏照顧而迷失甚至死亡。一個鼠人說：「我對孩子的未來沒有太多期待，因為社會階層在這個國家是不會流動的，凡事都要靠關係、要送紅包。」

階級也是這本書的重心。派屈克不只「往下挖」，還「往上看」。他在許多章節，都以富人、官二代、太子黨的生活為開頭，來凸顯鼠人的不堪與貧富差距的極化——他也誠實交代自己這個外國記者也屬於上層，在超市買進口食物、住高級住宅——換句話說，以地面為界，地面上的中國盛世、進步城市都是藏在地下的貧窮不公所撐起的。

我不免想到美國小說家傑克．倫敦（Jack London）的非虛構作品《深淵居民》。十九世紀的英國是一強大的殖民帝國，這是英格蘭的「美好時代」，卻存在著倫敦東區這樣一個車伕都不敢去的貧民窟（他寧可去非洲跟西藏），傑克．倫敦以化身採訪的方式，描摹了這強國的灰色角落，談論這樣的貧窮如何形成，階級為何無法翻轉，甚至預言英國國勢會走下坡。他在書的開頭這麼寫：「有人說我對英格蘭的批評太過悲觀，為了幫我自己辯護，我必須說，我是所有樂觀主義者裡面最樂觀的。但是在評估人類的境況時，我看的是個人，而非政治組織。社會不斷發展成長，但政治機構卻終將解體荒廢，成為破銅爛鐵。就英格蘭而言，從男女居民還有他們的健康與幸福程度看來，我認為未來的路仍是寬闊而令人看好的。但就許多政治體制而言，目前並未好好照顧人民，我所看到的不過是一堆破銅爛鐵。」

當然，派屈克跟傑克．倫敦身處的時代不同、條件也不一樣，並非化身採訪——美國人跟英格蘭人難以辨識，法國人跟中國人可天差地別，況且，他根本也無法「委屈」自己。而且，跟傑克．倫敦的嚴謹度相比，派屈克的行文直白帶點趣味性。即使如此，他們卻同樣直指強國底下的那老鼠洞一樣的脆弱處，或有一天會成為帝國的大窟窿，「毫無疑問的，當這一天來臨時，鼠族必定是第一個從洞裡走出來給予噓聲的人，因為這個黨從很久以前就不再為他們提供任何庇護」。

就讀者而言——如果你曾經在媒體讀過中國社會的某些現象，這本書或許能幫助你將這些零碎的新聞藉著「鼠族」這個主題拼湊成一個社會整體，看看在這麼個「經濟強盛」的大國光輝裡，藏著哪些破銅爛鐵。這或許才是真正認識中國的路徑。

推薦序

紮紮實實的調查報導鉅作：帶領你用「鼠」的目光偷窺北京不欲人知的地底世界！

李岳軒　獨立媒體《移人》編輯總監

同樣身為新聞工作者，「調查報導」一直是我們這行最難做的一種採訪，因為它跟一般廣邀媒體參加的記者會或追蹤明星八卦的狗仔隊不同，追求的是埋藏於社會深處的真相；為達到這個目的，新聞工作者必須耗費無數時間、精力及金錢做深入田野調查，過程非常折騰人——甚至很多時候這些「真相」並不歡迎記者去挖掘，這時就會出現來自政府部門或相關單位的有形及無形壓力。可以想像在這種極盡自虐的前提下，願意投身調查報導的記者少之又少。

然而相對的，正因取得真相的過程猶如踏過一條布滿荊棘的道路，每當有優秀的調查報導問世時，總能在社會投下震撼彈。以國內媒體來說，網路媒體《報導者》在二〇一七年初推出的「造假．剝削．血淚漁場」是近年來調查報導的佼佼者，不但在當時激起一波不小的社會輿論，更在同年度獲得卓越新聞獎肯定，在在顯示調查報導的力量與可貴。

這本由法國記者派屈克．聖保羅所撰寫的《低端人口：中國，是地下這幫鼠族撐起來的》，同樣是一本歷經千辛萬苦才完成的重量級調查報導——派屈克採訪的地方不是別國，正是打壓異議輿論不遺餘力的共產中國，在習大大儼然登基稱帝的氛圍之中，一位外國記者要在北京城內調查「鼠族」這個敗壞國家門面的族群，簡直像在天子腳下動土。大家都知道異議份子在中國「被消失」是很正常的事（這事不分國籍，看看李明哲吧！）是以每當書中出現對他不友善的共犯鷹犬時，總讓我替他捏把冷汗。

但這正是這本書最有價值的地方，因為派屈克讓我們認識到，這些被官媒隱藏、被上流社會唾棄、被共犯結構掐著脖子的地下鼠族，其實都是活生生的人——他們來自中國各地，一樣有父母、有妻小、有夢想，只是現實層面逼迫他們必須住進暗無天日的地下世界，變成北京城內人人避之唯恐不及的「麻煩份子」或是「隱形人」，但，書中沒有一個人物想過這種生活。

在共產中國全體上下吹捧的強國夢裡，我們不時看到現代神州富庶豐饒、船堅炮利的宣傳形象，甚至台灣媒體也有意無意地散布這些資訊，但這本《低端人口》猶如東方不敗手中無堅不摧的繡花針，一針戳破膨脹過度的灌水氣球。數百萬名領取低薪、忍受超長工時、蝸居地底世界，卻撐起城市底層勞動的低端人口，才是北京這座紅色首都背後的真相。

雖然這是關於中國的故事，但若我們將眼光放回台灣，目前寶島上七十萬名外籍移工，其處境與「鼠族」極為接近，在我們一邊翻書一邊掩嘴驚呼的同時，或許可以嘗試反思一下：

在我們的社會裡，撐起底層勞動力的是誰？

以銅為鏡可以正衣冠、以古為鏡可以知興替、以人為鏡可以明得失，就讓派屈克流暢的文筆，領我們進入鼠族的地下世界吧！

目次

第一章

徘徊在奢華國度的鼠群

「我只有一項過人之處，那就是如鼠輩般強韌的生命力。牠們數量倘若多到跟烏鴉一樣，連鋼筋都可以啃齧一空。」

——巴爾札克

踩著民工崛起的強國

完成一次精準中不失優雅的勾手跳❶動作，身上裹著皮草背心、梳著髮髻的青春少女隨即向後滑行，隨著芭芭拉．史翠珊演唱的〈回憶〉（Memory）於冰上起舞。她的母親雙肘倚靠玻璃欄杆上，漫不經心望著她的小神童，一邊習慣性地滑起最新款「土豪金」iPhone。其他家長早早利用孩子上課時間去購物，現在腳邊堆著ＬＶ、愛馬仕或Prada的提袋，耐心候著。

一年三百六十五天，北京有一半以上時間籠罩在霧霾的毒臭之中，這群強國經濟新貴的寶貝兒女卻不受干擾，無分季節、隨時可在面積兩百四十餘坪的冰面上溜滑自如。此座名為「樂酷」（Le Cool Ice Rink）的溜冰場位於China World裡，正是中國首都最為氣派的國貿商城。它儼似過去三十年來中國張狂之經濟成就的展示櫥窗，三座大廈從一九八五年開始興建，於二〇一〇年完工，傲視整個中央商務區內超現代玻璃帷幕摩天大樓群，周邊則是商務的核心，即北京人口中的「ＣＢＤ」（中央商務區）。China World歡迎外國人，相當謙虛地自我定調為「中國與世界相遇之處」。商城共有四個樓層，總面

❶譯注：勾手跳（lutz），花式溜冰裡常見的跳躍動作之一。

積達三萬多坪。那批太子黨（也就是共產黨高官的富二代）一身剪裁無可挑剔的義式西裝，大步踏行在大理石走廊之間，不屑一顧三百多間高級名店，管它是伯魯提、迪奧、盟可睞或萊卡都一樣。他們不費吹灰之力娶進豪門千金，跟有錢情婦一拍即合，靠的全是「**關係**」：關係是不可或缺的人際網，而中國共產黨即位於這張網的中心；沒有這層關係就別想在這人民共和國裡圖得半點利益、機會，餵飽過於飢渴的購買慾。

一群不起眼的員工緊盯著場內的清潔狀況，藍色制服的「阿姨」或是清潔女工包辦地板和櫥窗，其他穿灰色制服的男女則負責化妝室，包括補充洗手乳、擦手紙。這些人都是推動中國經濟發展的小精靈，只是他們的人生跟童話完全沾不上邊。他們幾乎全是來自中國廢耕閒置農村的民工[2]或移工，一次出走就是成千上萬，一批批湧向大都會尋求立足之地，堪稱史上最為可觀的人類大遷徙。整個中國的富裕，蛻變中的世界第一經濟強國，可謂是踩在這群勞工的肩膀上築起的。

何謂北京鼠族

北京就像中國絕大多數的城市一樣，房價飆漲居高不下，於是很多受雇於服務業、工地，或是打著零工勉強維生又邊尋求穩定工作的勞工，便不得不生活在地底。這批來自中國四面八方、由不同少數民族組成的群體，因此有了另一種別稱，叫做「鼠族」。他們占據北京廣袤無垠的地底，甚至下水道口。兩千一百萬居民裡，有七百萬民工參與了首都經濟瘋狂的成長，他們前來此地尋求更好的生活，經歷人力車時代進入全球化力量的紀元。他們被經濟發展遺忘，經常受剝削且被視為次等公民，命運堪比十九世紀工業革命時期的歐洲勞工階層。根據評估，這些人當中約有一百萬人以上擠在這城市的臟腑。他們不能登記戶口，而少了戶籍證明就無法擁有與居民相同的社會保障、健康保險，或是幫孩子註冊入學等基本權利。卡在社會階層的底部，只迫切渴望能再往上爬個幾階。

「跟老鼠一樣住在地底的移工，他們的居住條件如同這類齧齒動物，只享有那麼點自然光，有時甚至沒有採光，生活環境相當潮溼。」北京大學社會系教授盧暉臨說道，「這就是為何社會大眾會用『鼠族』來稱呼他們。但是人畢竟跟老鼠不一樣，在那等生活條件下，健康將遭受極大的危害，不但可能染上皮膚病，心理負擔也會相當重。根據統計，這些鼠族當中的許多人都有抑鬱傾向。此外他們還必須面對意外、

❷ 編注：移居大城市工作的外來人口。

承擔風險，包括火災、水災或是窒息，每年不知有多少人死在地底。這群塞滿首都臟腑的移工，還有取得文憑後正在找工作的畢業青年，或是工作待遇極差的年輕人，他們的存在不算什麼危害，因為他們是北京經濟發展中不可或缺的螺絲釘。只不過，如果他們的工作地點在市中心，要找到一個還過得去的住所幾乎是不可能的。所有的民工都盼望提高自身的生活水平，終有一日能夠住在地面上，但他們也意識到，薪資要是沒有增加，他們就不得不繼續留在暗無天日的洞裡。」

支撐商場的小精靈

每日每夜，和其他地方相比，這群在China World的「鼠族」更容易跟與日俱盛、重返榮耀、前景光明的中國夢擦肩而過，但這是他們無法觸及的夢。這場夢倘若破碎，他們就是首當其衝的一群，然而在這個極端貧富不均的國度（儘管當局一再宣揚共產主義者平均主義的美德），卻正是這套意識形態在支撐著他們。

每次只要我企圖與China World的阿姨搭話，都會換來一抹迷茫又恐懼的眼神。對另一個世界的好奇心誠然是有的，偏偏她們只在一種情況下可以與顧客互動，那就是為對方服務的時候。

「我不能跟您講話，」手裡拿著粗布拖把和水桶的年輕女子一邊說，一邊不安地加快腳步，「我不能，這裡到處都是攝影機，隨時有人在監視。這邊的管理非常嚴格，我們是不能偷懶的。」

她一無所有，但又害怕失去一切。在「鼠人」世界裡，能進入China World這種待遇明顯較優渥的地方工作，就像擁有某種特權。沒有人願意跟我們交談。伎倆被拆穿了——他們知道我們跟其他人不同，不是來這裡消費的。我們步履緩慢地遊走，好整以暇地等待獵物，然而只要稍一靠近，擔驚受怕的「鼠人」便會逃得無影無蹤。

真是灰頭土臉啊！經過這麼些天的徒勞，我的心情彷如空船而返的漁夫，沮喪中不無羞愧，已經準備打消念頭。只是在放手之前，我還想賭最後一把。我鎖定了一名負責清潔維護的年輕女子，她的樣子看上去比其他人溫和，經過我身旁時總會放慢腳步，低著頭避免接觸到我的視線。費了一番功夫後，她終於願意和我聊個幾句。她說她姓沈，因為想多賺點錢，十八歲畢業便離開四川到北京，一晃眼就過了八年，目前在China World工作已經五年。女子將紅腫雙手輕擱在掃帚上，露出美麗笑容，但眼中閃過一絲不安。沈小姐在兩年前搬到北京東邊靠近中國傳媒大學的地方，距離工作的地鐵站約半小時車程。她跟人在地下室合租了一個近兩坪半的小房間，每個月八百人民幣。她說自己運氣很好，住處有扇通風窗，讓她在熱氣蒸騰的夏天得以呼吸些外頭空氣。她和室友兩人有個單口電爐，可以在房間裡熱點食物。衛浴則是跟其他人共用的，按分鐘從預付卡裡扣費用。

北京地下城歷史

同等大小空間，這些地下住房的租金僅相當於地上房的一半，它們的建造期可追溯至毛澤東時代。當時正值冷戰高峰，中國與蘇聯的關係降到了冰點，北京與莫斯科爭奪共產主義政治集團的意識形態主導權，毛澤東下令在北京地底興建廣大的避難網。一九六九年，由於中、蘇兩國天然疆界黑龍江一帶的邊境武裝衝突日益擴大，毛澤東下達「挖深洞」的命令，以保護人民免於蘇聯無預警的空襲。北京約有三十萬居民投入這起建築工事，挖掘、搭建了兩萬多間避難所，打造出一座貨真價實的地下城，而且這片地底的防空洞或其他設施，像是學校、醫院、工廠、商店、餐廳、劇院及溜冰場等，皆有通道與城市地面上各個樞紐相連。

毛澤東死後，接任的鄧小平採取開放策略，推行實事求是的經濟政策。地底空間自然也要商業化，依照政府民防局的指示從中創造收益；當時約有八百間宿舍在這個城市腸道般的地下空間裡建了起來，並含括醫院、超市與電影院。到了一九九六年，政府通過一條法令，要求大都會內每座新興建築都必須附設此類避難所，連帶地正式確立了地下城的商業化。於是，一座真正的「城」就在這些腸道中層層擴展、開枝散葉。

房地產的熱潮，這週期性引爆人民（且不只是貧困階層）不滿的罪魁禍首，逼得北京民工只好去承租這些通常不衛生、有害健康的空間。他們平均最高薪資約莫每個月三千人民幣，可在北京這中國大陸房價最貴的城市，每平方公尺（零點三零二五坪）的平均價格是三萬一千四百六十五人民幣。根據中國官方媒體發布的消息，其首都的平均租金相當於人民平均年收入的十三點三倍；而世界銀行評估的房價收入比應落在一至五倍的區間。

後來，中國政府陸續關閉地下住宅中最陳舊危險的區域，而根據北京市統計，目前出租的地下室大概有六千間，地下城的商業交易則在幾年前就被禁止了。不過事實上，實用主義總是能繞過規定和法律以成全經濟發展或橫行霸道的腐敗貪官。這在中國很常見，灰色地帶就是這麼來的。當權者會把某些地下住宅的經營委託給某些「經理人」，其他的則勒令關閉……但地方官員照樣睜一隻眼閉一隻眼，容許該關閉之處繼續存在。

離開農村尋活路

沈小姐之所以離鄉背景，是因為在家鄉她只能下田工作賺那麼一丁點錢。當然她也可到離家較近的中型城市找工作，不過收入肯定也只是勉強過得去而已，因此她決定放手一搏到北京去。

中國從一九七九年經濟開放到千禧年之間，有超過四百萬住在鄉下的人民擺脫了貧窮，但仍舊無法阻止急遽擴大的城鄉差距。面對越來越差的生存條件，農民大批遷往市區，在三十年內遷居到城市的人口預計可能達二億七千萬人。根據統計，每年約有八百萬人離開鄉村到城市找工作，整個中國已有超過半數人口住在市區。據人口推算，到了二〇三〇年將會有十億中國人變成城市人，比今日多上三億。

不同於領導人習近平主張的復興偉大中國夢，沈小姐的心願十分卑微：只要能過上比父母稍微好一點的生活，不必像他們一樣大半輩子都活在作物歉收的恐懼裡就好。於是在擔心土地被地方貪官沒收，接著被趕到失地農民專屬的安置村之前，她搶先採取了行動。

「我過得沒像爸媽那麼苦。我吃得飽、穿得暖，還有電視可看呢！」她害羞地笑著，一邊按捏她那雙長期接觸清潔劑而龜裂紅腫的手。

禁閉在北京陰暗的地底世界，她的人生屬於China World的新中國輝煌年代。

越有錢越小氣的北京人

三里屯是北京的繁華街區，離中央商務區不遠。一輛白色賓利在糖果粉法拉利旁相形失色，也比不上同樣停在高級購物中心3.3前的螢光綠藍寶堅尼，然而這輛車的主人則恰好相反，LV包、迷你裙、勾人的高跟鞋與鑲鑽藍色指甲，一身極盡浮誇之能事。北京的名媛貴婦迷戀名車，在這裡，城市急速成長為這些幸運兒帶來源源不絕的財富，而炫富必須高調放肆才能和其他人有所區別。每一輛頂級車都是一個獨立的成功故事，如同一場迷你北京奧運，截至目前為止，只有中國能在其中投入任何國家都拿不出來的巨額資金。

蕭元是三里屯路邊一名盲眼樂師，他當然沒機會見識到這耀眼的新中國，不過卻對周遭的一切瞭若指掌（他來自河南，在這一待十五年）：汽車呼嘯的轟隆聲、開關車門的乒乓聲、蹬著高跟鞋喀噠喀噠作響的小碎步。他手上的二胡，那把早已殘破不堪的傳統樂器發出過時的「咿喔」音調，像是伴隨首都繁榮發展的配樂裡的雜音。他依賴路人的施捨而活，咒罵個人主義至上的社會但不帶惡意。

「我的日子全靠北京人的慷慨，我運氣挺好，因為他們現在越來越文明了。一開始面對自行車潮時，我連條馬路都過不了。再來是車子變多，大家開起車來完全沒有規矩。但能在北京活十五年，對一個瞎子來說簡直奇蹟。」他說。如今豪華名車當道的風潮他也聽在耳裡，強調道：「引擎聲和開關車門聲都不一樣。」又說：「尤其呢，開高檔車的人都會開得比較慢，炫耀嘛！所以後來我過馬路也就沒那麼危險了。」

這個城市越來越富裕，他的生活條件卻沒有變得更好。相反地，房租暴漲使他不得不從地上破舊的小兩房搬到地下室去。

「很多北京人變得很有錢。只不過他們越是有錢，越是冷酷自私，簡直對金錢和成功著了魔……」他惋惜地道，「越有錢越小氣啊。」

繞了一圈又回鄉的樂師

蕭元的父親是村子裡的數學老師，也是他心目中的神，在他青少年時期帶他認識了北京、天安門廣場。父親死後，蕭元完全失去了方向，於是他再度來到北京，讓酒精麻醉自己的痛苦，從此不曾離開。

就跟眾多「鼠人」一樣，蕭元住在溼黏的地下室，隔著牆都能感覺到鄰居的呼吸。

但是他不屬於鼠族：他的生產力過低、又髒又窮，在這個憎惡游手好閒窮光蛋的環境裡，他算是少數的倖存者。就跟同世代中國鄉下大多數天生眼盲的孩子一樣，他從小就學二胡。在中國首都的路邊討生活，難以讓人信服他是個胡琴大師，而他也永遠不可能登台給京劇伴奏一場。

不過，在新中國每個人都有權利做夢，蕭元仍然相信好運終會到來。他剛在河南的故鄉成立了一支三人樂隊。

「北京的生活太糟啦，我要回鄉去。我們樂隊在那的婚喪喜慶場子包准能賺不少，我就等著發財了。」

「你怎能這麼肯定？」

「因為結婚的人越來越多啊，就算沒錢也想搞點事炫耀，他們很有辦法。家裡要是死了人，喪禮也要辦得隆重，才表示他們是有頭有臉的人家，有些喪家甚至會找跳脫衣舞的在墳前表演，吸引大家去看。所以說，雇個樂隊當然是基本的排場。」

中國就跟許多亞洲社會一樣，送葬時的觀禮人數亦是衡量社會地位的指標。不過，中國政府不久前開始取締這些花招百出的葬禮，比如原本日益普及的葬禮脫衣舞表演（尤其是中國南方鄉下），現在已經被禁止了。這對蕭元而言正是大好機會，至少理論上如此。

玻璃天花板隔成兩個世界

置身China World，名店櫥窗在沈小姐眼中就像一片玻璃天花板，鋪展的是她無法企及的世界。不過，無論是價值相當於她兩年薪水的手提包或是高級服裝，都吸引不了她，倒是商城一樓的超市——她幾近羞愧地承認還挺喜歡的。

「我從來沒有在這兒買過東西，每樣東西都太貴了。像我們這樣的人哪會在這種店裡消費，根本買不起。」她說。聽到這樣的話，我心裡有些不自在，因為這間高級超市簡直是我們一家人剛到北京時的救命浮木。我太太在這裡發現普拉嬤嬤酥餅、法國半鹽奶油、金邊巧克力，還有Nutella榛果巧克力醬，這些都是孩子們想念法國時不可或缺的萬靈丹。離開歐洲舒適的物質生活圈，這一場瘋狂的中國冒險之旅對他們而言雖然刺激，其間卻不乏嚴峻考驗。我們的確花了頗多錢購買這些在中國被視為奢侈品的進口食品。每每結束了底層中國的深度踏查，從那些只能吃炒麵、水餃或喝碗湯的地方回到自己的世界時，我會帶著喜悅和些許罪惡感，品嘗一小塊洛克福藍黴乳酪。這種不協調的狀態引發一連串質疑：採訪這些住在地底的人、試圖想理解他們，卻連偶爾參與他們的世界、進入他們的日常都沒有，難道不會很失禮嗎？在這樣的情況下，要如何說服他們信任我？

大概是為了替我解套，沈小姐又改口補充道：「啊，有、有、有，五年前我剛來這裡的時候，有拿到超市的折價券。我還不曉得買啥好呢！」後來她萬分掙扎地選了一片從未吃過的巧克力。

中國的有錢人，一群不想冒著中毒危險購買自家黑心貨的人，在這個高級超市裡找到他們的出口。以色列加利利的草莓、智利的櫻桃、菲律賓的芒果及鳳梨，輪番替掉中國農藥超標的水果。一罐五百人民幣的嬰幼兒配方奶粉，取代了中國三聚氰胺毒奶粉。晚餐要盡興，當然要開一瓶要價三萬四千人民幣、二〇〇六年的彼得綠堡紅酒，或是二〇一一年的拉菲特紅酒這款億萬富翁、中共高官趨之若鶩的極品佳釀，要價二萬五千八百五十人民幣。

鼠窩比想像中隱密

趁著休息時間，年輕女員工沈小姐帶我們轉進迷宮般的通道，那裡歸職員專用、沒設監視器，我們可以繼續聊。為了有個像樣的生活，她兼了好幾份差事，晚上是某辦公大樓清潔員工。當她準備把電話號碼給我們，好讓我們之後約見參觀她的鼠窩時，兩名保全人員突然闖了進來，一身暗色西裝加領帶，配有無線電耳機。高層來關切了！

「你們的一舉一動，我們從監視器都看得清清楚楚，你們已經侵犯了工作權。」保全人員嚴正地說。

中國的勞工一旦使出「訴諸權利」這一招，代表他們已筋疲力竭、無計可施。然而他們很清楚儘管如此也未必有效，所以通常會避免採取這類極端手段。不過，要是一個保全人員以上司之名高舉工作權的大旗，事情可就沒那等單純了。

「這裡沒有任何一個員工住在地下室！」他們的主管怒聲斥道，他一身黑西裝加黑領帶、氣得臉色漲紅。「所有在這裡工作的人都安頓得很好。」

監視攝影機的鏡頭下，這個主管態勢強硬，因為他的上司自會依此評斷他的忠誠。我試著說服他再寬限我們一兩分鐘時間，這樣也許有機會記下沈小姐的手機號碼，但徒勞一場。她的頭整個縮進肩膀裡，頸背僵硬得一動也不敢動。在中國待了快兩年，我終究得接受在這般情況下跟中國人是沒什麼好說的。接下來的發展一如預料，他找來門口的警衛將我們趕了出去。

像隻鼠一溜煙消失的沈小姐，這會兒已繼續她的工作，低著頭、赤紅著耳，不敢多看一眼發生在她面前的這場戲：一名老外毫不抵抗，任由警衛把他帶出去。她緊緊抓住手中的拖把，幾乎是屏住呼吸。我心裡有數，在China World遊蕩的日子結束了，我們再也不可能與沈小姐碰頭。原本我們還以為這座消費的殿堂，是理解上層中產階級的現代中國與被迫住在底層、推動繁榮的小螺絲釘之間那道鴻溝的最佳地點。

「休想再進來，小心我們報警把你抓去關，混帳東西！」警衛趾高氣昂的罵道，還對著門口攝影機，示威般地推了我最後一把。

第二章

坎坷的歷程

寫鼠族是個錯誤的決定啊！

現在我很確定，當初決定寫一本關於鼠族的書是個錯誤。寫這主題面臨的障礙實在太多、太巨大了！第一次在北京地底進行採訪時，才幾分鐘我就被毫不留情地趕了出來。地底的世界是個秘密天地，裡頭的居民畏於透露他們的生活條件而傾向藏匿隱忍，免得失去他們靠著毅力持續工作掙來的那麼點東西：一個棲身之所——儘管這處所再怎麼骯髒不堪。至於這些地下世界的經營者，他們仗著當局的包庇遊走中國灰色地帶，幹著不怎麼光彩的事，小心戒備地在這些迷宮的入口守著。

要如何才能更進一步接觸鼠族呢？頂著一頭亞麻色金髮的我，機會渺茫。

最初打算開始這場冒險時，我馬上聯想到德國記者根特．華萊夫（Günter Wallraff），他為了揭露一九八〇年代德國萊茵河地區的仇外情形而偽裝成土耳其移工，最後將親身經歷出版成書《最底層》（*Ganz unten*），但很快地我就不得不面對現實。華萊夫當時可以毫不費力地操著一口土耳其腔德語來接近他的目標，但我卻永遠不可能變裝成一個中國人還毫無破綻；況且以我的中文程度，就算真的成功扮成中國人好了，也只能當個啞巴而已。

一九九九年我第一次被派遣潛入非洲報導時就像現在一樣沒什麼斬獲，當時獅子山武裝團體「革命聯盟陣線」（RUF）發動「不留活口」（No living thing）血腥屠殺，在短短數星期內造成六千人死亡、數萬人被截肢的時候；在靠近獅子山共和國首都自由城幾公里外的叢林裡，我被一群頂多十二歲、拿著AK-47步槍的孩子逮個正著。這些娃娃兵是叛軍招募的，他們的首領認為我一定是白人傭兵或是間諜，我不知費了多少力氣才說服他們我只是個記者。但現在呢，我得輪番假扮成對中國充滿熱情的社會學家、作家、企業老闆、想替他的廉價勞工找住處的臨時承租人等等，什麼身分都行，除了記者——中國人最提防的一種人。要如何接近底層階級，並讓他們接受我？我沒有半點頭緒，手上籌碼脆弱且不堪一擊。

我既不能偽裝成漢學家，也不能假冒成某某中國大學的研究員。我只能依靠優優，他是我北京辦公室的助理，同時也是朋友，負責翻譯。但我該如何讓他明白，有些提問的重點不在於問題本身，而是丟出問題之後能夠引起對方什麼樣的反應或套出什麼話？優優在訪談時的口譯做得十分好，然而他是否有辦法同時從多個對話當中，抓到我無法體會的微妙之處？

挑戰公權力的採訪計畫

剛進新聞界的那幾年，我投身戰地報導，試圖理解驅動瘋狂人性的種種機制，以及生活（或者說某種貌似正常的表象何能在戰爭中繼續存在）。深入悲劇事件的核心、有時緊貼著極端的惡而行。不知不覺間，我已然學會保持一段安全距離。也許必須如此我才能承受得住一切；比如在獅子山共和國，目睹沉迷吸毒的年輕人把一個九歲的孩子推出去，威脅他砍掉農民的手；在加薩看到小孩在槍林彈雨中奔跑；或是在象牙海岸的村子見到老人被活活燒死。我可以用同樣的無動於衷，跟小劊子手、卑劣的迫害者或是發光發熱的英雄往來。我習慣與黑暗打交道，機械性地描述事件，無須建立起任何關係，刻意避開一切可能的情感連結。

但鼠族的故事是另一種挑戰。我必須讓這些底層的人接納我，進入他們的內心世界且說服他們跟我講述其生存訣竅。我知道自己不可能偽裝成他們當中的一員來達到這一切目的，也知道中國人對所有外國人都心存戒備。然而他們喚醒我內在某種新的關注，我想理解是什麼樣的能量使他們能夠忍受如此條件。我想明白他們面對這個繁榮發展的國家有何感受。我熱切想知道他們對共產黨有什麼想法、心中是否潛伏著反叛的種子。這群人會不會有哪一天將撼動這個國家、要求民主，或單純為了討回他們該有的權利？

他們希望自己的孩子有什麼樣的未來？對這個世界，又對歐洲了解多少？覺得自己屬於明日強權的一分子嗎？雖然這麼想著，但從今以後要接近他們的世界，我看無異於天方夜譚。

在中國從事新聞工作本身就是個挑戰。我在辦公室的日常，就是時不時被國家安全警察的登門拜訪給打斷。只要瞧見辦公桌前站著兩個面露凶光的警察，牛仔褲、黑色派克大衣、一旁陪同著美麗的女翻譯，就知道絕對不是什麼好預兆。他們先是客套幾句中法關係的友好，又說將我派駐北京的報社多麼優質頂尖，一陣迂迴婉轉，接著慢慢縮小談話範圍。

「下午三點鐘這個會面，我們建議您還是別去了。」他們向我喊話，那天我得去見丁子霖，她是六四罹難者家屬組織「天安門母親」的發起人，而一九八九年六月四日的血腥鎮壓，在中國是絕對的禁忌。

在中國工作的記者的妄想症，就是被這類無預警拜訪越養越大的。要是有誰對我們遭受的監控等級仍存那麼點懷疑，這便是證據。我每一筆通話內容、每一封電子郵件都受到監控。詳細的會面時間、地點，以及我要見的究竟是什麼人，警察瞭若指掌。

重重監視

超現實主義式的對話於焉展開，我也在這過程中趁機多學了幾招，而裝傻是其中最保險的策略。

我問：「下午三點的會面？什麼會面？」

「跟敏感日期有關的會面。」負責發話的警察說道，由翻譯替他轉達。第二個警察隨同的唯一目的，則是為了監視第一個。

警察從來不會吐出「一九八九年六月四日」這幾個字，也不會用「學運鎮壓」這類說法；這是個受詛咒的日期，一年裡僅只是它的存在，就讓他們必須大量動員。要是他們被迫得提及軍隊屠殺學生的細節，場面就會不免尷尬沉重。

「敏感日期？」我一臉痴呆。

警察不耐煩了：「是的，您心裡有數，就是六月四日的事件。我們知道您在計畫幹點什麼。」

「這可是天安門事件二十五週年，倘若我什麼都沒準備，很難向報社交代啊……。」

「是沒錯，但我們建議您不要與丁女士碰面。她一定會請您幫忙，這對您不利。」

「拜訪她一點也沒犯法。我也不是去幫她辦事的，只是要問她幾個問題，她回答的時候我就作作筆記，這樣而已。難道您要我跟北京辦公室的主管說，因為有人建議我別去所以我就不去？您站在我的立場想想，要是我建議您別幹您的工作，您難道會冒著跟頂頭上司起衝突的風險聽我的話、討我歡心？但如果您要阻攔我去赴約，那就是另一回事了。我沒辦法反抗。若您認為有必要為了一個毫無殺傷力的老太太挑起事端，那就看您了。」

幸好，這天我遇上的是個明理的傢伙，他冷靜一想，還是別在中國與法國歡慶建交五十年的當下節外生枝。我之所以選定在一月跟丁女士會面，就是因為那時碰上她的機會較大，否則每年春天接近六月四日時，中國政府便會強制將她送往海南島度假，遠離外國媒體。她跟所有與「敏感日期」牽連的中國人一樣有超凡的勇氣，至今仍願意接受記者採訪，直言表態。想到等一下不知如何跟長官交代，兩名警察轉而拿我的助理開刀「解氣」，對她百般威脅恐嚇，連帶順道咒罵她祖宗八代，但她不卑不亢，眼睛眨也不眨一下。這助理在《費加洛報》（*Le Figaro*）北京辦公室不畏權勢待了十七年之後，終於拿到了她的護身符：加拿大簽證。儘管看到習近平就任後中國的發展，她仍毫無留戀地遠走高飛。

一場貓抓老鼠的遊戲

話說回來，換作一般市民，要是一個外國人跟他們提起敏感話題，他們多半馬上把嘴巴閉得跟牡蠣一樣緊，尤其是生怕被房東掃地出門的「老鼠」。如何讓這些棲身陰暗腸道、有損北京顏面的居民信任我，進而披露他們的生活，誠為一大考驗。有些被害人之所以揭發醜聞，為的是從中得到點什麼，但這些我要採訪的人不同，他們只會失去一切。

在中國的新聞工作者，總是被迫跟當權者玩著貓捉老鼠的遊戲。想要成功完成一份報導，臨場反應要靈敏、動作得夠快，祈禱能搶在官方之前取得素材。就像所有官僚體系一樣，有時他們的遲鈍反倒是我們的助力；但只要我們被逮到與禁忌話題有所牽扯，他們便會毫無商量餘地、築起一道禮貌的牆。警察或是黨部總會禮數周到，奉上一罐茶，笑咪咪地送客，一邊保證「很快」會安排個飯局——既然「大家都是朋友嘛」。而為了接近鼠族，我顧不得在中國從事新聞工作的基本規則，得持續在同一個地方蹲點才能遇到同一群人。這麼一來，可說是沒有任何勝算。

不過，奇蹟出現了！眼前有個男人在北京待了十年，就住在下水道裡。按捺住心中狂喜的我得使出渾身解數，勸他衝破這層掩護了他這麼久的保護殼。優優打頭陣，先成功踏出第一步——這傢伙真是天才。儘管他看來還很菜，但這場冒險已然使他蛻變成一隻真正的獵犬，能夠循線追蹤，辨識出我們要的「鼠人」並說服他與我們碰頭。

第三章

下水道的鼠重回人間

「無事亂飛是蒼蠅的工作，而亂飛是早晚會碰到一隻死老鼠或一堆牛糞的。」

——老舍

尊嚴不是人人要得起

說到中國警察，王秀青跟他們玩了十年的貓捉老鼠——熟得很。二〇〇八年初一個寒冷的清晨，十年來他賴以為家的下水道井口突然出現一群制服筆挺的警察。其中一名警察放出籠子裡的德國狼犬，讓牠在井口嗅聞一番，接著就把王秀青推進狗籠送到附近的警局。時值北京奧運前夕，一場風靡世界的盛會啊！新中國的展示櫥窗將伴隨斥資千萬煙火的綻放，昭告天下中國已然躋身世界大國之列。在這樣的場合，怎能容許他這類蝨子般的存在前來掃興。

以他五十四歲的年紀，在中國理當是多數年輕人敬重的長輩了，警察造訪的這一天該是重重打擊了他的尊嚴吧！——我們冒昧問道。王秀青外表瘦弱、眼睛小卻炯炯有神、穿著全新的藍色運動服；他摘下棒球帽抓了抓頭，又把帽子戴回去，輕輕往後推了推，尷尬地笑了。

「尊嚴啊，在那當下我是丟得一點也不剩。這世界的現實就是人人要尊嚴，但尊嚴呢，可不是人人要得起。」

他說著，神色迷惘而略顯狼狽。他此刻的模樣，在我的想像中，大概跟警察推他進籠子的時候相去不遠吧。不過，究竟是什麼樣的人才能承受這一切？我在後來見識到這個男人的與眾不同；他不曾以自身處境為恥，而我相信他也不曾放棄自我。

靠近王秀青的棲身之處，大約有三十名移工也住在下水道，那一帶緊鄰麗都維景酒店，屬於朝陽區高級地段。朝陽區是北京規模最大的市轄區，盤據整個首都的中心❶。只因當地政府一個決議，這些移工便在二〇一四年一月那個清晨全數被驅逐，而下水道也馬上封閉。

矛盾的是，那天也是王秀青的幸運日。他這樣罕見的經歷引起中央電視台的注意，為他製作了一個專題。北京某所大學因而聘他為正職員工，負責一切雜務；像是修理桌椅、照顧校園裡的花木，學校裡若有牆面油漆斑駁脫落，他便補上。一個月的薪水三千人民幣還包三餐，另外提供他宿舍——就在學校的地下室。

鼠窩也是小天堂

北京警察將他原本的住處封了起來。「就是這裡」，他指著一片跟墓碑差不多大小的水泥板。「我選中這兒是因為它地點很好，靠近計程車招呼站。而且在裡面我可以整個人躺下來。冬天的時候，這兒可是貨真價實的小天堂。」他的鼠窩就在一棟水泥大樓腳下，這棟灰色巨大的建築類似某種區塊住宅，蓋了二十年還沒完工。而王秀青也從沒想過把自己安頓得舒適一點。

「政府不會允許的，況且裡面有守衛。」他抱怨道。

政府可以視而不見，任由他在一口枯井裡住上十年，但要是擅自竊據大樓的一樑半柱，那可就踩到紅線了。對於這類不公平的狀態，王秀青不願多作評論。若是在法國，跟他類似處境的人會否挺身反抗體制？是否能有個工會或協會替他們捍衛權益？唯一能肯定的是，在中國，這是不可能的。共產黨容不下任何異議。號召仗義之士為一群面臨宰殺威脅的狗請命，比為這群受體制壓榨的人發聲來得容易多了。中共的高層領導及其家人，便是靠著野蠻資本主義一手打造出他們的財富，社會安全網幾乎是不存在的。在近三十年間兩位數的經濟成長率當中，他們早已把民工團、移工視為經濟發展不可或缺的廉價勞工。王秀青是個極端的個案。然而黨部不惜犧牲這數百萬人的人生，任由他們淪落貧困慘境，共產主義的理想已在追求財富的飢渴中漸漸枯竭。

「談論國家大事我可不在行。」王秀青毫不掩飾，盡可能露出最痴呆的樣子以茲證明，嘴巴微張，眼神渙散。

❶譯注：北京奧運時，有近一半的場館（包括主場館）均位於朝陽區。

「了不起啊，王先生，您是不是早就立志往演藝圈發展呀？」我說道。

起先裝作聽不懂的他，隨即爆笑出聲。接著像個話術高竿的房屋仲介，得意點評起他這間位於地下三公尺處的舊居優點。冬天，因為有管線經過，屋裡總是暖呼呼的……儘管他是有毒的蒸氣或生鏽隨時可能爆炸的管子呢！他還炫耀自己有副鐵打的身體。雖然他也承認在洞裡讓人有點呼吸困難，空氣實在太稀薄了，而溼氣更是滲到骨子裡。為了對抗這逼人的溼冷，他在地上鋪了些被子跟薄床墊，但它們很快溼透，怎麼也乾不了，還有一股揮之不去的霉味。這兒的空間太小了，根本不適合住人。他房間邊的低窪處「附有」熱水管路，他會放一堆水瓶在那加熱，睡醒便能喝。他的衣服就那幾件，在坑壁上掛了幾支衣架權充衣櫃就成了。晚上他會點蠟燭好鋪床睡覺，只點那麼一會兒，很快就會吹熄，免得被人盯上。附近日本學校有名守衛頗好心，答應他可以定時把手機拿到那裡充電。此外，他還有一個尿急專用的空瓶子。

「一旦鑽進洞裡，我的身體便立即適應，不會有什麼重大的生理需求。」他驕傲地強調。

酷寒中的英雄

一台用來收聽新聞、廣播劇的小小電晶體收音機，是王秀青對抗寂寞的唯一武器，因為他跟周圍下水道那二十來個鄰居完全沒有往來。

「她們都是從中國南方偏鄉來的，講的話我聽不懂。而且這些人是乞丐，沒有半點自尊心。」

「所以您的地位還比她們高？」

「不能拿我們相提並論。」他平靜地應道，「她們只是伸手乞討，而我每天工作，好養活我那留在村子裡的太太和三個孩子。」

王秀青生於紅色年代，在毛澤東的領導下長大，歷經文化大革命，見識過人民共和國一切顛簸，從大饑荒、改革開放到經濟瘋狂成長。他是第一代民工，以能「吃苦」（根據中國人的說法）著稱。十年之間，他吞下了不知幾條河的苦水，從不發牢騷。他凌晨三點起床，這時夜間計程車差不多都回到附近的招呼站了，他便開始洗車，洗一輛可賺五到七塊人民幣。

「值勤人員八點才會到，那時我就得躲起來，畢竟這是打黑工，違法的。不過我認識幾十個計程車司機，他們會來叫我。洗完這些計程車大概就中午了。」

接著他會問一般民眾，看他們有沒有需要洗車。幫他們洗車的酬勞較高（約十到十五人民幣），但客源較不穩定。生意好的時候，王秀青一天可以賺八十到一百人民幣，一個月算來大概攢個兩千人民幣。在伙食一事上，通常一天一餐他就滿足了。

「攤販會把附近工地工人沒吃的便當再拿來賣一次。只要五塊人民幣，我每天就有飯有菜，若再加一兩塊人民幣便有點肉吃。」

有幾個冬天，連續幾星期溫度都在負二十度到負十度之間起落，王秀青得強迫自己打起精神才出得了門。

「我整雙手又紅又腫，到處都是凍瘡，」他邊說邊亮出他那些疤痕，「但是留在井裡等於叫我拋棄家人等死。我會在原地跳一跳、動一動，再喝點溫水對抗寒冷。如果真的冷到受不了，我就躲在這小天堂，等計程車司機來給我派工。」

我回想自己在冬天早晨騎著電動腳踏車從家裡到辦公室短短的那趟路，不禁對他豎起大拇指。儘管穿著厚厚的羽絨衣抵擋寒風，但十分鐘不到的距離，仍讓我在抵達位於那座暖氣宜人的現代建築前就凍僵了。迎戰如此酷寒真是不折不扣的英雄。

生活就像走鋼索

這個春天的早晨，一道沁涼的風掃去覆蓋著這城市大半年的霧霾，露出一角藍天。在這井口打寒顫的同時，我很難想像，都二十一世紀了，怎麼有人能承受如此艱困的生存條件。放眼歐洲，哪一個男人、哪一個女人能夠在這洞裡撐過嚴厲刺骨的天氣，歷經十年寒冬卻絲毫不退卻？誰能對這一切沒有半句怨言，始終心存希望、意志堅定？況且夏天的考驗又比冬天更嚴峻。溼熱的天氣和雨水讓王秀青的「小天堂」瞬間變成地獄，於是夏天時他會在路邊過夜，高溫炙人的三伏天就找塊草坪躺，要是雨勢凶猛彷彿吞掉整個城市，他便到橋下躲一躲。

「一開始這不成問題，公園也可以睡。」他回憶著，「但自從辦奧運以來，晚上到處都有人巡邏，把我們趕出綠地。連警察也不准我們睡在路邊，他們氣焰很囂張，沒管什麼人權。」

北京不是加爾各答或新德里，不管是觀光客或在這中國首都短暫停留的大學教授，一定會發現此地跟印度大城或亞洲其他開發中國家不同，這裡沒有貧民窟。苦難藏身地底，而苦難的人要是冒險浮出地面，就注定被榨得連渣滓都不剩。為了替政府維持形象，王秀青常常遊蕩一整夜，看見角落草叢倒頭就睡，直到下一個警察又把他趕走。疲傯緊緊黏附他的軀體，如影隨形，時間感覺比寒冬之日更加漫長而永無止盡。

偶爾，會有善心的計程車司機讓他在車子後座睡上幾小時。

「少數幾個司機會把車鑰匙給我，他們車子不用跑整夜，而且跟我又夠熟。我就在車裡睡個幾小時，早上再把車洗乾淨還給他們。」

王秀青自認是個愛國的人。然而這個體系卻將他推入灰色地帶，逼著他像走鋼索的人，在取決於警察的律法與寬容之間戰戰兢兢，但他總是時時自我警惕，告訴自己不要走偏。

「我常常餓肚子餓個半死，但我從來不偷，哪怕是一塊錢、還是市場架上一個蘋果或一顆蛋。因為就算我掙得少，卻是家裡唯一的經濟來源。倘若我被抓去關，那他們就什麼都沒得吃了。再說，偷竊是可恥的。」

王秀青展開新生活差不多快兩年了，不過他可以連眉頭也不皺一下，篤定地說，要是明天就得重回過去的生活，他一樣有勇氣面對。

在我們談話過程中，幾輛計程車向他按了按喇叭打招呼。

「怎麼樣，秀青，日子過得不錯吧？」一個司機邊問邊遞給他一根菸。

「你說呢？每天早上我可是飽飽睡到七點。你呢？你老闆有沒有放過你，讓你好好睡一晚？」

「走運的傢伙。別開玩笑了，現在啊，我得從半夜工作到中午，他媽的。」

從他們樸實卑微的表情看來，王秀青變成了某種英雄。他是中國強大社群網絡裡的明星，只是他的命運並沒有像在美國或法國那樣，因為登上螢光幕而徹底翻轉。

沒有北京戶口就免談

住在井底的十年裡，王秀青估算他總共存了三萬六千人民幣。在北京的地底，房租每個月從三百人民幣起跳，這等價格租到的住所離「體面合宜」還差得遠。然而，他從來沒嘗到自己犧牲一切換來的果實。他太窮了，娶不起他那三個孩子的母親，直到有個朋友跟他說只要結婚五年，就可以拿到北京的居住權，他才願意去辦理手續。王秀青出身河北（鄰近北京），所以戶口和居住證自然都在出生地，在北京他既得不到社會保險也無法享受免費的健保。

婚後，王秀青除了替自己登記，也一併幫他的兒子和兩個女兒登記，結果當地政府以他兩度違反一胎化政策為由，判罰七萬人民幣。王秀青壓根沒想過要抗議這樣的不公。在北京這城市叢林的底層求生存是場複雜的修練，需要加倍的適應力與對宿命論永恆的信仰。實際上，一旦抗爭，便是冒著坐牢的風險；看著鄰居、友人因懼怕權威而對你棄之不顧，也便是把家人逼上絕路活活餓死。

「體制就是這麼一回事，」王秀青十分知足，說起這些語調也還是稀鬆平常。「它不好也不壞，沒什麼公平不公平。所有民工來北京之前老早知道這些遊戲規則。我們會在這兒，是因為村子裡找不到工作，可在這兒賺的錢夠我們在村子裡過上好日子。不管是給我們微薄薪水的老闆或是對我們來說，都是雙贏，雖然我們的生活條件很糟。」

他的孩子是他的優先考量，同時是他生存的動力、犧牲付出的對象。

「當我在這深淵裡什麼也不是時，便會想到他們。他們就是我的尊嚴。我人生唯一的目標就是讓他們受教育，將來過上好日子。」

我們向他提議，一起去看看他河北遙嶺村的家，距離北京北邊懷柔區約九十公里，但他提不起什麼興致。

「我家破破爛爛的，你連坐下來吃個午飯都沒辦法，因為椅子不夠。」他聲明道，希望我打消念頭。

「我們開車載你回去，這樣你可以省下搭公車的五十元人民幣。」他聽了我們說的這句話後，身軀一震，這才總算答應。

隨行探親之旅

王秀青每年有兩次會回家住上一星期。一次在二月過農曆年的時候，一次是十月國慶假期，所謂的「黃金週」。其他時候，要是學校裡沒別的事而口袋裡還有點旅費，他偶爾會回去度個週末。自從他得到大學的這份工作，領著每個月三千元人民幣的薪水還包三餐，他回家的頻率也比較固定了。

過了懷柔區以及雁棲湖那批極為現代、為了二〇一四年秋天接待「亞洲太平洋經濟合作會議」（APEC）各國元首而建的極現代場館之後，車子轉往狹小蜿蜒的山路開去。王秀青滔滔不絕地讚嘆那一棟棟高級別墅場館之美，他認為這片遙望中國長城的會議場地不但提升了中國的形象，還創造出不少工作機會。突然間，不習慣坐汽車的他有點頭暈不舒服了；便把整個臉貼在半開的車窗上。我猜他一定為了省錢而沒吃早餐，又想到我在舒適溫暖的家裡吃著塗滿奶油的麵包，大口吞著自製的優格，不禁一陣困窘。後來他在我們的好一番說服之下坐到了前座。

一過長城，遙嶺村就在眼前。隱身在山巒之中，主要的那條馬路鋪了水泥，有著村裡唯一的複合式商店，但在現代北京的消費者眼裡不值一提。鄰近的紅土巷弄裡，灰色破舊的房屋羅列成排。

這間石造的三房小屋從地板到天花板處處是裂縫，證實了王秀青之前的「信誓旦旦」。他沒有誇大呀，房子的屋頂很低，差不多頂到他的頭；小小的院子一捆捆玉米稈堆成小山，那是冬天拿來當柴燒的。屋內天花板沾滿煙灰。最大的那一間房，水泥地上隨意丟置著衣服以及裝有剩菜剩飯的軍用便當盒。紙塑牆板邊緣亂翹，彷彿隨時可能崩塌。連接小電視的電線則整個裸露在外，螢幕上方有一幅毛主席肖像，王秀青的太太彭秀玲每年都會主動換一幅新的，她把這件事當成自己的責任，像是中國共產黨對她的囑託，儘管這可是一筆開銷。

就算生活再怎麼貧困，害怕被盯上的恐懼依然無所不在，對黨的忠誠是必須昭告天下的，哪怕只是表面工夫。

彭秀玲身上的綠色運動服磨到都脫了線，腳上那雙中國傳統布鞋也破了洞，一頭長髮直到腳踝。她跟她的女兒一樣，從來不曉得理髮師的剪刀長什麼樣子。她的臉和手發紅，因為血液循環不良而移動困難。即便在這樣粗陋的環境下，彭秀玲仍然保有自尊，對他們一家五口艱困的生活不願多提，不過說到他們與老鼠共存的情況，卻幾乎跟她丈夫的處境成了對比。這十多年來，王秀青在北京的日常與鼠人無異，但在他們遙嶺村的家，稱王的卻是這群真正的齧齒動物。

「這些該死的老鼠占據了我們的家。您瞧！」她嚷著，一邊打開冰箱的門，裡面沒多少食物，倒是塞滿一堆紙。「我們把所有重要的文件都放在這，因為老鼠還想不到法子闖進來，其他地方的東西呢，全部被牠們啃光了。」

真鼠如影隨形

彭秀玲帶我們在屋裡頭繞一圈，指著穿透牆底的那些洞。深達一公尺，這些齧齒動物把小屋改造成一塊格律耶爾乳酪，在洞與洞之間來去自如。十公斤裝的玉米和米袋則放在主臥室一張桌子上。王秀青工作的學校好意送了一條電毯讓他們一家子禦寒，結果被老鼠咬得七零八落，導致電線外露，不知哪天會走火把這個家給燒了。但彭秀玲依然把插頭插著湊合著用，當作什麼事也沒有。

「您不知道，冬天就是太冷了。」她埋怨著，搓著臂膀做出取暖的動作。「孩子們根本沒法離開熱炕，他們在炕上寫作業、吃晚餐、玩耍、睡覺。已經連續幾個星期了，他們的身子怎麼都暖不起來。」

跟主臥室相同，小孩的房間裡也有張中國傳統的炕，磚砌成的矮牆上面放一塊板子，底下是加熱的爐灶。以玉米外皮當燃料雖然燃燒不全，釋放的熱量倒也足以讓他們免於凍僵。三個小孩笑著承認他們早就習慣睡覺的時候有老鼠在他們臉上跑來跑去；他們的臉滿是黑色的垢，跟他們的手一樣，破舊的衣服則到處可見一圈圈汙漬。在院子最裡面，單單一個坑、一個塑膠盆再搭塊帆布，就是廁所、浴室和洗衣服的地方了。除了冬天以外，他們盥洗都用冷水。有時也會奢侈地準備幾盆溫水，免得水一下就結冰。

王秀青遞給我一杯綠茶，耐熱玻璃杯上滿布水漬，還黏黏的。我接過杯子，裝作不經意地偷偷查看，想起他們廚房裡生鏽的水龍頭。

優優記得我們討論過中國的水受到汙染，裡面含的重金屬就算煮沸了也不會消失，所以這傢伙幸災樂禍地看著我。我忙著把茶吹涼，知道他正等著看我敢不敢喝。我試圖要自己放心，想想他們一家五口可都還活得好好的。接著我喝了一小口，茶很苦。還來不及思考待會兒的午餐，那滿地亂七八糟的盤子、剩菜剩飯，一切毫無衛生可言的狀態讓我喉嚨一緊。想到一群老鼠在這屋裡肆無忌憚大吃大喝，我再也無法冷靜。這次換我想吐了。當下我腦海裡只剩一個念頭：要是這家人為我們準備了午餐，該如何拒絕？

我早就知道自己的孩子一定很難相信這次拜訪經驗。一年來他們對中國多少有點了解，但這些移居海外的歐洲小孩日子過得舒適，哪能想像這樣的貧困？二〇一三年九月，我們離開住了五年的柏林抵達北京時，我兒子安東尼發現北京街上的豪華名車竟然比德國首都還多，簡直目瞪口呆。

如何跟他們講述王秀青的孩子承受的差別待遇，才能不讓他們覺得我別有用心，認為我說這些只是為了洗腦他們在學校多用功點？

靠關係建構的體制

王秀青的三個孩子都是表現出色的學生。大女兒彭玉學，十七歲，是班上第一名。她的夢想是當一名警察，但這終究只是個夢。其實夢想原本唾手可得，但四公分之差卻讓一切成為泡影；玉學身高一百六十一公分，偏偏警察的基本身高要一百六十五公分。於是她轉而打算當老師。這個年紀輕輕的高中女孩很猶豫，是要選她偏愛的英文呢（儘管要她用莎士比亞的語言講出一個單詞都十分困難），還是選中文？她驕傲地展示她的獎盃，有英文第一名、中文第一名、體育第一名，加上從小到大因成績優異而獲得的各式鉛筆盒。她從不曾拆掉外面的塑膠包裝，把它們當寶貝般珍藏著。

想到孩子的未來，他們的母親一陣情緒激動，歷盡風霜的美麗臉龐滿是淚水。

「當老師很好，這樣她就會有份好薪水，還有寒暑假，可以回頭幫助需要幫助的人。」

王秀青對於這些孩子的發展機會有所保留。只不過想及這可是他們的未來，他也一反平日的謹慎，大吐苦水，把矛頭指向現代中國。

「我們太窮了，沒法送禮給那些公職人員、教授或是大學校長。要進大學念書不是成績好就行，有錢人家的小孩就算成績很差還是可以入學，只要他們偷偷塞點錢，巴結到對的人。還不就是賄賂讓這個國家腐敗的。看看我們，我們這種窮人便是第一個受害的，有錢才能保護自己嘛！如果我女兒在大學的成績好，那接下來還是要靠**關係**才能找到好工作。有關係的地方就有金錢遊戲。假使毛主席還活著，應該就不會有這麼多貪腐官員，有錢人和窮人受到的待遇也不會有這麼大的差別。毛主席那時候我們是窮，有時也很難吃飽，但是大家處境幾乎差不多。現在人人吃得飽，可是有太多公務員不懂節制、胃口太大，暴食症讓他們失去理智。那些卑微低下的人民被遺棄在路邊，而他們這麼多人卻在短短時間發了財，甚至就算已經很有錢，他們還是繼續搶。」

他的太太頻頻點頭。現代中國維持著集體失憶，他們遺忘偉大的舵手[2]帶來的不幸：大躍進最後以大饑荒告終、文化大革命那數百萬條人命……。突然，王秀青意識到自己在一個外國人面前的輕率，呆了一呆，隨即閉上嘴。像是自我辯護般，他聲稱他之所以對我說出這些心裡話，全是因為儘管我是個外國人，他卻覺得我對中國沒有敵意。為了取得他的信任，我克制自己不對極權統治提出任何貶損批評。孰料我的問題刺激了他，就像一面鏡子反射出他的處境，而我所有關於他生存的一切質疑，在隨便一個黨幹部眼裡，都會被視為高度破壞性的顛覆言論。

經過片刻的沉默，王秀青積極補充道：「幸好，我對我們習近平領導人十分有信心，他知道中國的問題在哪裡。他推行反腐運動來糾正這類誇張過分的行為，把中國帶上一條正直穩當的道路。要是當初沒有鄧小平同志採取經濟開放政策，就不可能有今日中國的成功。所有人都吃得飽，又可穿得暖好過冬。」

中國不能不團結

從小在教條教育薰陶下長大的玉學來替她的父親解圍了。她大大歌頌了中國社會的團結，一下提到某個企業在央視報導之後主動替她付學費，一下說他們鄰居送來衣服、幾位老師合資買了一台電視給他們，讓她跟其他同學一樣，能看到中國有名的那齣電視劇來做她的口頭報告。

而談到她的父親，玉學整個臉都發亮了。她用充滿崇拜的口吻，說起那天她帶著弟弟妹妹去找父親，去了他住的那個北京小窩。小女孩不知道怎麼下到那處井裡，死命抓著牆壁，又笨手笨腳滑了一跤。後來她還在裡面躺了下來，只是裡面太潮溼不舒服，險

❷ 譯注：指的即是毛澤東。

些讓她喘不過氣，所以她沒待太久。不過，她是看了電視報導之後，才知道自己父親真實的生活情況。

「我真的好感動，在那之前，我都不曉得父親為我們犧牲了這麼多。」她說。

彭秀玲放下所有矜持，專注聽著女兒說的這些，滿臉都是淚。

「秀青掙的錢不多，」她抽噎著才擠出一句話。「但是他是全世界最好的丈夫、最好的父親。現在因為腿實在太疼，我們那一小塊田我已經沒辦法種了，他就更常回來打點田裡的事。」彭飽受痛苦折磨，但沒錢治療。懷柔的小診所設備不夠，可是到北京找專門醫生看診遠遠超過他們的預算。

除了跟貪汙有關的事，問及中國其他重要問題時，王秀青都毫不思索地回答。

「鄰國對我們領土的侵略野心，就真是個威脅。中國還不夠強，它必須成為一個強盛大國，免得悲慘的歷史重演。」

愛國主義式的宣導造就一切美好，因為他們無須為了那些直接影響生活的狗屁倒灶所苦，包括汙染、土地強制徵收、黑心食品醜聞。中國人有辦法忽略真正切身的問題、新中國社會裡的不平等。媒體新聞與電視劇強化了二次大戰時日本侵略帶來的傷痛與恥辱，而他們時時準備為國家大業犧牲。

彭玉梅，王秀青的二女兒，十六歲，還沒找到自己的志向。小兒子彭玉率，十四歲，瘋狂迷戀足球，是當地少年足球隊的明星，成為職業足球員是他的夢想。

王秀青自己在六歲多快七歲時就輟學了，早忘了學習是怎麼一回事。他的「中國夢」就是孩子可以一直往上讀，之後好找到穩定的工作。

「以前，我們不敢想像生活有其他可能。但是現在，每個中國人都有他的夢想。我只盼望生活可以越來越好。」

大半天過去了，我們聊得太入神，沒注意到午餐時間早過了。我跟優優使了個眼色，如果要在入夜之前回到北京，那現在差不多就得走了。優優如釋重負，他也不想在這凌亂窘迫的狀態下晚餐。我掏遍口袋，也問了優優，兩人湊出一疊鈔票。王秀青試著想推辭。

「這是給孩子們的一點教育基金，替他們收下吧！給他們買書。」我邊說邊把鈔票塞給他的太太，她默默接受了。

接著我們彼此用力握手、熱情擁抱，說好下次再見。回到舒適溫暖的車裡後，才拐幾個彎我便沉沉睡去。優優握著方向盤，車子平穩流暢地行進，我們逐漸遠離那個惡夢般的生活，然而一整路我都被詭異的夢境糾纏，夢見自己的孩子穿得破破爛爛，遭巨大老鼠追殺。直到我在北三環猛然驚醒，意識到自己已逃離那離奇世界時才鬆了一口氣，慶幸能找回北京中央商務區高樓大廈那一片燈火通明和熟悉的現代感。

第四章

聚龍花園的「老」鼠

「老舊不要的東西，留給老鼠就好。」

——馬歇爾．埃梅

中國樂觀主義者

「紐約玩完了，以後世界的中心就是北京。」二〇一三年時，為了說服我女兒約瑟芬和我一起到中國，我對她這麼說過。

現在我們卻在聚龍花園，也就是我們中國住所的社區地下室，發現了住滿民工的宿舍。他們大多數都結婚了，但只有社區的清潔人員才會夫妻同住，其他人則被迫像未婚男女一樣分居。滿臉汙黑的男人是附近建築工地的工人。掛著黑眼圈的女人負責打理工人體育館一帶的餐廳、酒吧。從上午十一點到下午五點，接著是晚上九點到清晨六點，她們都在地面上工作，其餘時間則遁入地底。

就像聚龍花園多數的居民，我們不曾想過自家腳下會存在這麼一個平行世界，畢竟就在距離這裡兩步之遙，錯落著全中國乃至全亞洲最時尚、最高級的夜店。北京這張時尚臉孔教約瑟芬目眩神迷，隨手可得的愜意生活與自由，讓她可以進出一些在巴黎受限於年紀而不能去的夜間場所，她實在難以想像自己住的公寓底下竟然有這麼一個暗黑宇宙滋長著。而且我們還是在這地方住滿一年後，因為這項鼠族的調查計畫才偶然間發現了它。

中國是個極為矛盾衝突的國家，只要仔細探尋，往往會發現與原本認知截然相反的另一個現實，兩者南轅北轍。在這兒眼見不一定為憑，表象可能只是空殼。我的前輩尚・勒克萊爾・莒薩布隆[1]熱中研究中國，他在那個年代近距離觀察了中國從經濟開放以降的發展，認為它是個「魚目混珠的帝國」。就這一點而言，這個國家並沒有太大的改變。

「你說得對，這裡跟紐約沒兩樣，」跟我一起走過北京臟腑之後，約瑟芬肯定地說：「但這裡不是二十一世紀的曼哈頓。這是十九世紀移民抵達埃利斯島（移民管理局所在地）遙望的曼哈頓；那些底層人們寄望實現『美國夢』的曼哈頓。差別是人們不知道『中國夢』是什麼，也不確定它是否真的存在。」

此般說法略嫌武斷，不過中國的複雜性變幻莫測，這類症候群我也難以倖免。今日所堅信或以為總算對這個國家有所認識的，明日就被新視角觀察到的另一種現實給抹去。前一天，我驚訝於某個億萬富翁對西方思想的開放態度；為上海年輕模範學子，以及PISA國際學生能力評量計畫裡佼佼者的聰明才智、好奇心、英文對話能力嘆為觀止；或是佩服中國中產階級對成功的渴求，物質享受彷彿已凌駕政治嚮往。翌日，共產黨獨裁專制、將不平等視為暫時必要之惡的做法，卻狠狠打擊了我。廣東農民因抗議非法徵地進行協商，結果卻是圖利與當地貪汙黨幹部勾結的開發者；而透過與中國經濟學家對話證實，缺乏民主化將會導致整體發展停滯不前，這一切又讓我產生新的疑問。

當我日漸熟悉鼠族之後，更加深了疑惑。這些「老鼠」，他們不就是現代中國的「苦力」嗎？此外，對其命運的審視如同一帖強勁毒藥，撼動著最為狂熱的「中國樂觀主義者」信仰。

腳下的悲慘世界

每一次，只要大家帶著那麼點幸災樂禍，跟聚龍花園內的非中國居民交頭接耳，說在他們舒適的公寓底下有個如痲瘋般的悲慘世界，懷疑效應便會再度被強化，而這讓我感到說不出的不自在。

「你說的『老鼠』在哪？我們怎麼從來沒見過？」一個法國鄰居語帶嘲弄地發問。

「這些人從哪裡來的？他們在地底幹嘛？靠什麼過活？那裡有廚房、有浴室嗎？」

---

❶ 譯注：尚．勒克萊爾．莒薩布隆（Jean Leclerc du Sablon, 1942-2012），法國知名新聞記者，專精國際問題且相當關注中國政治。一九七〇年代曾任法新社（L'Agence France-Presse）駐北京、越南、美國華盛頓記者；一九八九年天安門事變後，他留在北京，同時為《快報》（*L'Express*）、《費加洛報》工作（一九九四年至其記者生涯晚期則專職於《費加洛報》）。著有《我所愛的中國》（*La Chine que j'aime*, 1979）、《魚目混珠的帝國：中國札記一九七〇至二〇〇一年》（*L'Empire de la poudre aux yeux: Carnets de Chine 1970-2001*, 2002）。

另一個人連珠炮似地追問。

另外有一個已經移民的法國女人住在別棟都是外國人的大樓裡，聲稱我正在籌備一場團體「奇幻」之旅，地點就是我社區的地下室，好讓大家見識隱藏版的北京。我大吃一驚，只好硬裝出幽默口吻，尷尬地笑著附議：「沒錯，而且我會負責準備一袋袋花生好讓你們餵食，保證跟在動物園一樣好玩。」

一個單純的電梯按鈕，便將我們的平常世界與「活死人」的天地隔開來，我們在上頭重現西式享受，雖然有意無意混了點中國風。聚龍社區這條龍的光彩早已不復從前。這裡是中國房仲業者所謂的「豪宅」，有著一九七〇年代巴黎郊區社會住宅一切優雅特質。「老鼠」住所的入口在第七棟大樓，這一棟的三樓駐有綠色和平北京辦公室、一些外國媒體以及一個投資俱樂部。電梯的B2按鈕帶著訪客向下，門開往一個廊廳，地面的白瓷磚髒到看不出原本的顏色，燈光慘澹，還不時能聽到「霹啪」的爆裂聲響，一頭斜放著一張布滿灰塵的老舊黑色沙發，上面堆滿紙箱。這裡乍看之下沒有任何異樣，感覺不到人的痕跡，不過再走幾步，就可以發現隱蔽角落到處拉起繩子，上面曬著襪子、內褲、襯衫和長褲。便服裡夾雜著成套制服，有清潔阿姨的藍色或灰色制服、工人的藍工作服、服務生的，可說中國大城市裡廉價勞工的職業樣本幾乎一應俱全。

水泥地的陰暗宿舍擠了四十個工人，上下鋪鐵床一排接著一排。靠近牆壁另一側由工人體育館的一間夜店（裡面出入的都是北京富家子弟）承租，住了店裡十五個清潔女工，擺了床以後空間所剩無幾。走廊底，則是附近一家餐廳的十人員工宿舍。

市中心地面房子的租金昂貴，但只能住得靠近工作地點才能免於舟車勞頓、撐得住爆肝的工時，種種考量驅使他們接受這樣的生活條件。一股甜膩而令人作嘔的芳香劑氣味，隨著我們靠近盥洗室越來越濃。公共衛浴區入口通道只有一個，全部的房客共用兩個洗手台，裡頭缺乏照明，中間僅隔著一片簡陋的板子；女生這一側有四間獨立的洗手間，男生則有四個小便斗和三個蹲式廁所，臭氣沖天。這裡沒有淋浴間也沒有熱水，洗澡得自己想辦法，這七十名房客每個人都有一只塑膠臉盆，裡面裝著廁所水龍頭接出來的水。

在裡頭待上半小時後，我和我的中國朋友優優，也就是補足我那彆腳中文的隨行口譯，只想要回到地面呼吸點新鮮的空氣。在戶外，每立方公尺的細懸浮微粒（PM 2.5）濃度要是超過三百微克❷，巴黎會立即關閉環城道路，孰知如此等級的汙染似乎還比這裡的地下室來得透氣。

---

❷譯注：根據世界衛生組織的標準，細懸浮微粒基準日平均每立方公尺不超過二十五微克。

中國人就吃那一套

不料一轉彎，有人擋住了我們的去路。

「怎麼，你們迷路啦！我還是第一次在這兒碰到樓上的房客。」鄭元昭驚呼。他是打雜的，負責撿紙屑垃圾以及維護大樓出入口的清潔。「這兒沒有任何中國住戶會來就算了……沒想到我遇到的還是個老外呢。」

這個來自湖北的老頭子相當有意思，只要在聚龍社區遇到老外，總是不忘熱情喊一聲你好。相較於北京人的作風，他顯得可愛許多。我們剛搬到北京那個月，還拿捏不準我們在此地大人稠的都會裡的定位，而他那親切的笑容在某種程度上像一股安慰的力量。我於是對他解釋起來。

「我正在寫一本書，要談住在北京地下室的人。」我邊說邊祈禱他別被嚇跑。根據以往經驗，在中國若這麼直白說明來意，十之八九都會吃閉門羹。

我接著說：「我沒想到聚龍社區的地下室也有人住。我只是跑下來，就發現了這裡，簡直活像個迷宮。這個地方真的很神奇，你們的更衣室都在這裡嗎？」

老鄭對我豎起大拇指。

「好、好、好，這主題好。所有人一提起北京啊，都圍著它輝煌的歷史打轉，玻璃塔、財富、名車，可沒人關心我們在地底下怎麼生活。」

「所以您住在這兒嗎？方不方便帶我參觀一下？」

「等等，這是我老婆。」老鄭轉頭向她介紹，「這位先生是法國很有名的大作家。」不管有意或無心，他並不在乎我的文學造詣大抵就是報章雜誌的文章等級而已。

「他要寫住在地下室的人的事，想知道我們是怎麼生活的。」

他的太太劉舒真，跟老鄭一起負責打掃我們大樓的出入口，聽了臉色微微一變，我可以感覺到我的出現讓她有所顧慮。最後，他們帶我往廚房去。晚餐時間快到了，儘管住在地底深坑，中國人對人際關係依然不含糊。走廊盡頭的右邊，一道厚重金屬鐵網門後便是車庫。那裡燈火通明、潔淨無瑕，停著有錢老闆的豪華名車，賓士、奧迪或保時捷。左邊是一條陰暗的水泥樓梯，B2的房客可以從這裡走到位於B1的廚房。狹小通道走到底，就是沿著停車場而建的四間廚房，名車的排氣管以及排出的毒氣取代通風系統。這些上了年紀的夫婦受雇於聚龍管委會，主要負責清潔維護，各自有個角落可放私人物品、準備三餐。當時正值中國農曆新年，吃的是傳統菜色：餃子。這食物唯一的變化就是內餡，包豬肉紅蘿蔔或豬肉菠菜。

「我們有客人啦！他可是法國很有名的大作家。」老鄭介紹道，他刻意營造出某種神祕感，一方面對我們有利，另方面也提升了他個人形象。不管他們的社會地位為何，中國人就吃這一套。

招待外國人是件光榮的事，相反地，把一名新聞記者帶進廚房可是個災難。老鄭的熱情招呼讓他的鄰居們放下了戒心。這些家庭來自這片土地的四面八方，依然保有一定的教養，彷彿有辦法忘卻他們的日常。衛生堪憂的廚房沒有自來水、通風設備，也沒有冰箱，但是這樣的社交場合卻散發出某種盛大隆重。熱情燒紅了爐火，將不堪的疲憊一掃而空，這是慶祝的時刻。烹煮食物的香氣加上調味餃子的香料居功甚偉，驅走盤據在地下室走廊那些混雜著尿騷味、糞臭與清潔劑的味道。男人排排站著，刀起刀落，剁著木製砧板上的絞肉與蔬菜。女人圍著一張小塑膠桌，熟練地用筷子夾起餡料放在麵皮中央，然後捏住封好。幾具小電爐上放著圓形炒鍋，看水滾了她們便把餃子放進去，煮熟以後撈起來盛成一大盤。每個人用自己的筷子去夾，沾醬是醋和醬油混合而成的，還放了點辣椒末。

兒子娶老婆，像在買老婆

為了跟老鄭正式聊一聊，得另外跟他約個時間。我們等了好幾個星期，老鄭才答應透露些許內情。第一次會面訂在星期六下午，因為那天他的工作量比較少，但到了約定時刻，老鄭卻人間蒸發不見蹤影。老頭子先是藉口說他忘了，後來才承認他對我們這項文學計畫的熱情已經消退了；因為他不希望自己的名字出現在書裡，免得哪天這本書被翻譯成中文。但他的假設基本上不成立，這都要歸功於審查員對黨的忠誠。就算記者躲過國家安全部的法眼（他們試圖阻止我們報導「敏感」議題），還有第二層「安全網」，即所謂的「審查」，以防堵中國民眾接觸那些當局視為叛亂的訊息。後來，我們提議讓他和他太太取個化名，他才終於同意了。

「太好了，行、行。那你們就叫我鄭元昭，我老婆呢就叫劉舒真。」

「這些是你討厭的人的名字，還是你喜歡的電視劇偶像啊？」我們問，因為他實在回答得太快。

「不、不，這只是我們倆一直以來都很喜歡的名字。」老鄭哈哈大笑。

老鄭今年六十二歲，已經退休兩年了。他原本在武漢一家專門建造貨輪、商船的造船廠工作。武漢是湖北省的省會，因為東風汽車與標緻雪鐵龍集團的合資案而聞名法國。一九七四年老鄭加入中國人民解放軍，原是協助軍官處理雜務的勤務兵，一九八〇年因鄧小平縮減兵力的決策而被遣散，後來才到工廠工作，直到二〇一三年退休。他的太太今年六十三歲，務農，之前老鄭在工廠上班時，她便靠著自家一畝田（零點六六公頃）種點菜，拿到市場賣。

老鄭每個月領一千八百人民幣，他也承認，其實他們可以住在原本的村子（在黃岡市，離武漢不遠）繼續種田養活自己——當然會拮据點，但日子還過得下去。只是加上兩個兒子，一個二十六歲，一個二十七歲，可就沒辦法了。實際上他們兩個兒子都有工作且經濟獨立：一個在武漢做美髮；另一個有機械工程學位，在雲南工作，負責維修檢測工地那些巨大的推土機。不過兩個兒子都還未婚，於是這對老夫婦才會到北京來，每天勞碌為他們籌措聘金。依照中國的傳統，男方要送女方一棟房子、金銀首飾以及聘金，或是一輛車。若不能提供足夠的物質保障，是結不了婚的。

「在黃岡，我們得替女方買一棟房子加上聘金二十萬人民幣。」老鄭咒罵著，「我們中國啊，根本不是娶老婆，是在買老婆。」

他們夫妻倆已經存了一點錢，但是還得再工作好長一段時間才能湊到四十萬人民幣，替兄弟倆各買一棟房子。老鄭面容憔悴，有明顯的黑眼圈，說到他其實受不了在城裡過著像老鼠一樣的生活，因為他在家鄉有一棟大房子，鄉下空氣好得很。

「一開始，在這房間裡我根本沒法呼吸，而且那股臭味老是讓我頭痛。我老婆也沒好到哪裡去。但是對她來說，打掃社區的工作比在田裡幹活來得輕鬆。」

他的太太盡力維持優雅。頭髮編成一根長長的辮子，白色開襟上衣外面罩著一件中式剪裁盤扣短外套。她的氣色相當好，根本看不出她竟住在地底。老鄭則是一頭蓬鬆亂髮，天天都穿同樣的破舊褲子、軍人迷彩襯衫。他們原本充滿嚮往來到北京，現在面對著汙染和悲慘的生活條件，早已失了心情、也沒錢去參觀紫禁城，遑論長城或天壇這些他們說好非去不可的地方。

「到哪兒都要門票，對我們來說太貴了，結果我們只去了天安門廣場。北京不像我想的那麼好，空氣太糟了，因為有汙染。而且北京人瞧不起我們這些鄉下人，他們沒啥教養，到處亂丟菸蒂、在公共場所吐痰。北京菜也不怎麼樣。老實說，我們村子裡的人還比較文明。」老鄭說。

貧富兩極化的寫照

他們的孩子得面對結不了婚的恥辱，可是看著自己的父母拖著疲憊身軀辛勤工作、還住在地底，他們難道不覺得羞愧嗎？

「這兩年當中，他們來過一次，看到我們這樣的生活，他們受不了。」鄭輕描淡寫地說著，「他們覺得我們很可憐，但他們知道我們沒得選。」

我的孩子後來對「老鼠」的命運產生了極大的興趣。我跟這些人的訪談，提供了他們觀看城市的另一種角度，畢竟他們平常熟悉的城市表面多少都經過消毒。不管是我女兒常看到北京富家子弟出入的夜店，或是我兒子跟朋友午餐的墨西哥或美式餐廳，都不曾讓他們看到這個國家的社會現實。他們被保護得很好，活動範圍都在市中心的現代世界裡，其中各式各樣的電影院、西式餐廳、高級「lounge Bar」或夜店，讓巴黎、柏林還有紐約相形失色。移居此地的外國孩子打從青少年時期開始，只要一點錢就能擁有這一切，鮮少有人會注意到這些問題。已經晚上了，我的兒子安東尼和女兒約瑟芬還興致高昂想繼續聽下去，這些人物對他們來說彷彿是從中世紀冒出來的。

「這些人真是太傻了，竟然為小孩犧牲成這樣。」今年十四歲的安東尼插嘴道，「而且他們的小孩！他們怎麼可以這樣虐待自己的爸媽？真是沒良心。你們放心，我們絕不會這樣對待你們的。」

「噢，你放心，這是不可能發生的。」我太太打趣回答。

鄭元昭和劉舒真，他們兩人在聚龍花園的月薪加起來是三千人民幣，加上老鄭的退休金一千八百元，一個月共有四千八百人民幣，看來還要工作好多年才行。但是，他們都隱約覺得在聚龍的日子不多了。

「管委會很快就會把我們給遣散的。」劉舒真對我們說，她有著純樸之人才有的聰慧眼神，甘於命運的安排。「他們雇用老人負責清潔維護，是因為這比雇用年輕人來得便宜，況且他們安排的住宿環境很差。要是我們不滿意，他們就會叫我們滾蛋，因為他們很清楚退休的人很難找工作。不過我們年紀也不能太大或是在這裡待太久，因為他們擔心我們要是生病或出什麼意外，還得幫忙付醫藥費。」

這些民工通常沒有健康保險，而雇主有道義責任幫他們付醫藥費。老鄭夫婦打算被遣散後回到他們的村子，他太太可以繼續種田，他則會試著到工廠找份差事。

「說起來，到時就算在我這個年紀很難找到工作，好像也不是什麼壞事。」老鄭這麼想著，「因為在這兒，我們的自由都被他們剝奪了。」

中國能夠給他兩個兒子更好的未來嗎？

「這要看他們造化，」他謹慎地回答。「今天，在中國一切都有可能。中央的決策是好的，即便地方上有太多貪腐的公務員。但是政府應該更加保護窮人，因為有錢的人越來越有錢，窮人越來越窮。」

養老金神話破滅

老鄭夫婦跟其他三組負責社區整潔的人同住B2的一間房。房裡有鐵櫃讓他們擺放私人物品，六坪大小的房間再隔成四個小間，各安置一張上下鋪和一個小桌子。入口處有幾張椅子、電視機，權充客廳。在這房間毫無隱私可言。當隔壁的人躺在床上看著他想看的連續劇，把音量開得超大也不怕有損聽力，每次劇裡偶像說了什麼絕妙好辭便放聲大笑，其他人就得被迫參與這一切。

他們隔壁住的是個矮胖結實的男子，禿頭、力氣很大，六十二歲了但是菸不離手。他原本在黑龍江省的衛東村種玉米，來這裡兩年了。他有農保，每個月可以領八百元人民幣這麼點退休金，但他的太太什麼都沒有。他們在自家田地有棟三十坪左右的房子，來北京工作是為了存錢，也省得靠兒孫養。

「我們不想變成孩子的負擔。在這裡我們一年可以存到三萬人民幣，」這位踏實的農夫說道：「但是我不曉得還可以在這裡做幾年。總之，萬一我們生了重病，光靠這點積蓄根本撐不了多久。」

「您想要打破中國人退休後出國觀光享受，買很多禮物帶回來的神話嗎？」我們開玩笑說。

「出國觀光！」這個退休農民笑得喘不過氣。「這我做夢都不敢想，我連參觀紫禁城的門票都付不出來。不過我兒子找到了一個電腦方面的工作，待遇不錯，說不定他就可以出去。」

許多的中國人在退休後仍然不得不繼續工作，因為養老金實在太微薄。這是一時半刻解決不了的問題。中國在變得富有之前就可能已經老化：這個全球人口最多的國家，因為一胎化政策影響而面臨人口急速老化的危機。結果是中國必須比其他新興經濟體更早迎戰這個難題。這是五十年來，中國政府首次著手改革養老金制度，並重新制定退休年齡。政府當局已在近期宣布最遲於二〇一七年提出詳細的改革方案，但不能再早，因為缺乏「關於這個問題的社會共識」。然而專家早已一致指出其中的急迫性，北京大學教授姚洋發出質疑：「為什麼要等五年再推動？到二〇二二年，養老基金缺口將會變成一個嚴重的問題。改革政策應該從現在就開始逐步實施，畢竟嬰兒潮世代已屆退休年齡，而他們的人數十分可觀。」

無法退休

在北京，有大量像老鄭夫婦這樣的退休人員仍在工作，為那少得可憐的薪水。北京北邊近郊的北七家物美超市路口，是打零工的非法工人其中一個聚集點，他們會在那裡等雇主上門。每次一有車子減速慢行便會引起一陣騷動。虎視眈眈目光下，每輛經過的車子就是這些年老民工的希望，彷彿一群鴿子爭食麵包屑。一位潛在雇主剛降下電動車窗，就招來一大群藍領求職者，他挑了個三十幾歲的壯漢上車，接著旋風般離去。其他數十個六十幾歲的工人，一無所獲地走回人行道上。這些剛退休的人意志相當堅定。對他們來說，找份工作來貼補那微薄的養老金可是攸關生死的問題。

好手好腳、身體強健，丁維國今年六十歲，趙華添五十九，他們故意在大家面前跳了幾下展示他們的體格。這對老同鄉完全擁有耍寶的潛能，活像是中國版的勞萊與哈台雙人組。

「我每天早上六點就到這裡，不然光靠每個月七十塊人民幣的退休金我可活不下去。那點錢連買菜都不夠。」丁維國說著，他瘦瘦高高，帶著電鑽、工具包，還有一點衣物用品，萬一臨時需要在工地過夜的話可以用。「昨天我去做水電，賺了一百五十塊人民幣。」他本來在鄰近北京的河北省種田，退休後來到北京，才來幾個月。他跟另一位退休到北京工作的河北同鄉在地下室租了個小間，共同分攤每個月三百元的租金。他的太太則留在村子裡繼續種那一小塊田。「每個月我可以攢下八百到一千塊人民幣，寄回去給她當生活費。農曆春節的時候，我會回去個二十幾天跟她團聚，再回去就是十月採收的時候。只要身體還行，我就會持續下去。」

至於矮矮胖胖、頭戴草帽抵擋早晨陽光的同鄉趙華添可就沒那麼幸運了。退休金，他一毛也沒領到。他強調：「要領退休金，得跟村裡的黨秘書打好關係，那人很貪。有的人在四十五歲的時候就領到退休金了。」不過老趙從沒想過去投訴。「這些幹部都是同一掛的，」他不滿地道，「您難道希望他們找警察去我家，威嚇我的家人？」不諳水電也不擅長土木工程，這個河北退休農民已經四天沒工作了。「上個月有人雇用我去搬磚，搬了一整天簡直要命，賺了八十元。到了晚上，我整個人累得像狗。」他笑了笑又說，「老闆都喜歡雇年輕人。不過要是我們可以幫他幹活個一兩次，就可以得到他的信任，讓他知道困難的工作我們也做得來。」

等到哪天他們再也沒力氣工作，就得指望自己的兒子了，依照中國傳統就是這樣。只是他們的兒子本身也是移工，把妻小留在村子裡到北京工作，沒辦法兩頭兼顧。「到時我們會回去跟媳婦、孫子一起住，」兩個當祖父的人尷尬地承認，「但是在身體還沒倒下之前，我們不會回去。因為要是到時候，村子裡有人辦喜事或喪事而我們拿不出一百塊錢的紅包，那也算是死一半了。」

嬰兒潮世代考驗降臨

從現在算起十五年後，中國將有四分之一的人口邁入六十歲，也就是目前的兩倍。老年人口急速增加，政府卻沒有提供年輕人任何對策，而根據中國傳統他們又有義務照顧年邁的父母。這個因為一胎化政策更形加重的老化現象將成為國家沉重的負擔，勞動力縮減下，這些沒有兄弟姊妹的繼承者，還得為他們的祖父母負責。

一九五〇年代內戰結束以後，因為當時人們的預期壽命低於四十五歲，剛取得政權的中共高層合理評估後訂定了相對較早的退休年齡。如今既然男性預期壽命為七十二歲、女性為七十七歲，那麼退休平均年齡落在五十三歲便顯得荒謬。目前法定男性退休年齡為六十歲，有些女性則可以在五十歲就退休。但現實情況越來越不樂觀了：二〇一二年以來，十六至五十九歲的勞動人口持續下降，占總人口數的百分之六十七，低於二〇一〇年的百分之六十九點二。而根據官方統計，二〇一五年中國職工養老保險的撫養比是三點零四比一；到了二〇五〇年將會下降到一點三比一。政府預計從二〇二二年開始實施漸進式延遲退休方案，第一年推遲兩個月，次年再推遲四個月。目的是為了讓女性與男性的退休年齡同步達到六十五歲。

在北京市中心，地壇公園那些快樂的城鎮退休人員，則與鄉下這些領養老金的農民形成鮮明對比。城鎮地區的基本養老金落在每個月兩千人民幣左右，但鄉下只有五十五人民幣。一群老太太在樂隊伴奏下，高聲唱著中國傳統歌謠；另一頭有人在打太極拳、有人逗弄自家的金孫。有些人從前是高層幹部，現在退休了便專心練字，拿著毛筆沾水在地上寫書法。另有一群老人，提著竹製鳥籠正在遛鳥，評論著誰家的鳥兒最會叫。

然而，在這幸福表象背後，亦藏著某種不穩定性。幾名六十幾歲的老人在吊單槓，像奧運選手那樣身手矯健，一手一槓來回反覆。

「我沒有醫療險，要是出了什麼事，得自己想辦法，所以要注意健康。」說話的這位國營企業退休幹部，頭髮花白、身段柔軟，抓住單槓從地面一躍而起。他有自己的公寓，每個月三千人民幣的退休金，日子過得還不錯。但也就這樣，不會更好了。「要是生了重病，那就得等死了，我可付不出醫藥費，所以我要健身啊！」他說著，並承認他其實夢想養老金能像「已開發國家」那麼多。

第五章

瀕臨精神崩潰的中國女性

「一貓當穴，萬鼠不敢出；一虎當溪，萬鹿不敢過。」

——孫武[1]

儒家思維強勢回歸

穿著俏麗小碎花洋裝的小女孩咬了口蘋果，漫不經心地四處張望。她的母親跟犟俐有幾分像，正催促小女孩加快腳步；她精心化了妝，身上處處是中國新興資產階級的標誌，諸如LV包、黑長褲、白色真絲襯衫，手機是最新款。這小女孩頂多十歲，眼看鋼琴課就快遲到了。那時是星期五晚上七點，但這孩子的一週尚未結束。每天晚上，遊戲加上晚餐的時間短短不到一小時，接著她得繼續上家教課直到十一點。因為那必要的、薄薄一層共產主義者外衣只在公開場合出現，做做表面工夫，純粹是為了避免麻煩；實際上儒家思想早已強勢回歸，重新成為中產階級依附的主流價值。

根據深植於中國文化的儒家傳統，只要努力，一切都有可能，包括命運亦能扭轉。父母將成功的渴望灌輸給孩子，一胎化政策使他們把夢想寄託在唯一的繼承者身上，期待他將來光宗耀祖。課堂內老師的地位乃至高無上，舉手發問這種行為簡直無法想像，

❶ 譯注：作者引用的這段話實際上並非孫武所說，而是出自唐朝宰相杜佑針對《孫子兵法》第六篇〈虛實〉提到的「能使敵人不得至者，害之也」的評註，收錄於《十一家注孫子》，原文為：「致其所必走，攻其所必救，能守其險害之要路，敵不得自至。故王子曰：『一貓當穴，萬鼠不敢出；一虎當溪，萬鹿不敢過。』言守之上也。」

因為這等於是質疑他的教學不夠完美。放學以後，孩子們的週末要拿來寫功課、參加象棋聯賽、補習（科目由父母選定）、化學體驗營或是物理、書法比賽。相較之下，在我們家，只要稍微提起中國名校學生的求知慾和好勝心，便會激怒我的一雙兒女。

教育在中國是翻身的機會、通往成功之路的鑰匙，可是對被迫遷徙的鼠族來說，完全是另一個世界。

「我女兒每星期有三堂數學家教，這對於靈活思考大有幫助，」女孩的母親驕傲地說：「英文家教也是每星期三堂，讓她能與國際交流，還能瀏覽英文網站。接著，她可以出國留學。不必等到大學，等她一滿十四歲，我們準備把她送到倫敦一所高中，讓她先適應適應，之後才能進入英國最好的大學。」

英國聲譽卓著的名校水準並非北京上流社會父母的唯一驅動力。萬一中華人民共和國時局不利，替他們的孩子安排一條出路，方是這些中產階級的第一要務。汙染、黑心食品、貪腐的地方官、隻手遮天的共產黨、自由受限、網路監控，現代中國處處陷阱。中國作為未來的經濟第一強國，永遠需要受過國外大學西方教育薰陶的幹部；若是出了問題，這些牛津或劍橋畢業的中國人，想在國外的跨國公司覓職也非難事。

「週末她要上舞蹈課，還要參加幾場數學選拔賽。因為她正在準備國際奧林匹克數學競賽。」她的母親嚴肅地補充。

每一年，中國所有大城市會籌辦各式各樣的分齡競賽：象棋、羽球、化學、數學等等。待學期結束時公布全國冠軍，他們便有籌碼開展成功的人生。通常，提到中國式學習的過程與大城市教育體制的發展，我那些法國友人便免不了一番揶揄嘲諷。他們深信法國的體制相對優越，七嘴八舌指出填鴨式教育的壞處，說這種方法「必然」會導致中國學生缺乏創造力，而過度學習也會造成不良影響。這其中某些批評並非毫無道理，只是他們都忽略了重點：中國人渴望成功，且對美好未來充滿信心。

剩蘋果的滋味

這位充滿魅力的四十歲女子看了看錶。

「這次肯定會遲到，我們趕不上鋼琴課了。啊，拜拜——」她拉起女兒的手向我們道別。

她蹬著高跟鞋飛快跑了起來，扯著女兒的手臂要她跟上。小女孩一慌，手上沒咬幾口的蘋果不慎掉落。她不能回頭，更別說把它撿起來。在隔開兩排大樓之間的走道上，有兩個女人各自占據一張長椅，面對面坐著，兩人都目睹了這一幕。她們一邊盯著蘋果、一邊觀察對方，同時看了一眼那對母女。灰得發黑的天空，汙染懸浮微粒瀰漫、蚊子成群且閃電不斷，眼看就要爆出雷聲。對於北京地面上的住戶來說，這意味著天空和馬路準備接受豪雨洗禮了。至於窩在城市臟腑裡的居民，這是預告他們即將迎戰淹入家中那充滿汙染物質的大水。

兩位女子面色枯槁，過時但還算乾淨的衣服洩漏了她們的來歷。跟那對母女相反，這兩個女人不是任何一間地面公寓的住戶，此處是北京中產階級專屬。她們來自地底世界，是鼠族的一員。現在，上層世界的優雅身影漸遠，端看誰的手腳快。蘇瑩，其中一名地下房客，一個箭步撿起蘋果。另一位則懊惱不已，撇開頭去，假裝沒參與這場略顯丟臉的競賽。至於蘇瑩，絲毫不見半點不自在，在一口咬下前先把蘋果隨手擦了幾下。剩下這四分之三的蘋果，花了她近兩分鐘享用完畢，連果核也不放過。蘋果籽則先在齒間來回吸過一遍，才朝外一呸吐掉，待依依不捨把果核啃得乾乾淨淨後，她才把果柄扔進灌木叢。

不是人住的地方！

西壩河中里，這個資產階級社區位居北京市中心，三環路一帶。社區管委會的宣傳部根據黨中央指示，在社區牆上張貼了一張巨幅的雷鋒肖像。這款「英雄模範」，堪稱毛澤東時期樹立並全面宣傳的共產黨員典型，從一九六〇年代起便是全體中國人不分年齡所「追隨的榜樣」，隨著意識形態重塑運動的需要定期出現。而在習近平影響與復興毛澤東思想價值的運動之下，雷鋒精神又再度受到推崇。回歸毛派，目的是對抗日益壯大的普遍價值。在中國第一的前提下，自由、人權、民主以及多元主義都只是西方國家用來削弱中國的武器而已。

雷鋒，這個人是否真實存在還有待商榷。據說他在一九六〇年加入人民解放軍，一九六二年八月遭電線桿壓斃，死時年僅二十二歲。政府宣傳部門於是依著他們的想像，將他塑造成一名始終謙卑、「為人民服務」、無懈可擊的邊防勇士，兼打破採煤紀錄的「斯達漢諾夫式❷」勞動者，和半夜起床為室友洗襪子的好夥伴；最重要的，他還是「小紅書」的忠實讀者，熟記毛語錄且不斷從中得到啟發。

「學習雷鋒精神，做文明有禮的北京人」——肖像海報印的口號這般呼籲著。海報旁邊可見黨的另一幅巨型壁畫，上頭是長城，提醒西壩河中里的居民心存社會主義的「基本精神」，包括「力量」、「民主」、「自由」、「平等」、「法治的政府」、

❷譯注：斯達漢諾夫（Alekseï Stakhanov）是一名礦工，因為創下六小時內採煤一百零二噸的紀錄，被當時史達林政權封為工人典範，成為蘇聯勞動英雄。

「愛國心」、「工作熱忱」、「誠實」、「友誼」等等。罕有什麼能將地面與地底的居民連結起來，然而對黨的標語，他們卻是同樣的無動於衷。

一入夜，西壩河中里的「鼠人」成群從連接社區臟腑的水泥階梯走了下來，一跳一跳踩著石塊，避免褲管被淹進通道的髒水弄溼。接著遁入藏在簾子、門後的小窩。他們的避難所入口隱身第五棟建築後方，一夥部族占據了整個中產階級住家底邊的地下室。在暗無天日的地底，西壩河中里的鼠族照明全靠那些嗡嗡作響的日光燈，呼吸著汙濁的熱空氣，空間十分潮溼且蚊子到處飛，走廊的瓷磚表面也滿是髒黏的汙垢。夏天的雨水先是流進廚房、公共盥洗室，接著淹到共同空間，甚至房間裡。

「怎麼有人能住在這種既不衛生又噁心的地方，這根本不是人住的！」我初次報導這類地方時帶的年輕實習生愛麗絲，對此很是疑惑。

潛藏危險的地下空間

宣傳部連地下通道的牆面也不放過。穴居世界鱗狀剝落、長滿壁癌的牆面，糊上了一張張海報，展示著乾淨現代的停車場和一塵不染的走廊，上面的標語完美將現實顛倒。它們是中共運用庫埃自我暗示療法[3]的展現，偏偏這裡的居民根本不信這一套，什麼「打造和諧的地下空間」、「地下空間的使用應當滿足社會上非營利工作的需要」，接著又自打嘴巴，來個「地下空間是軍事防禦基礎設施的一部分」、「地下空間禁止出租」。

地底生活讓鼠族飽受多重折磨，比如：心理障礙、焦慮抑鬱、皮膚病以及呼吸系統疾病。

「這個地方不適合養孩子，」今年二十三歲的辛玉說道，她身上的運動服讓人聯想到北京奧運中國代表隊的服裝。「我們在安徽鄉下的房子有六十坪那麼大，空氣又新鮮。我女兒在這每天只想著一件事，就是跑到外面透透氣、曬曬太陽。」她正要帶她一歲八個月的女兒去散步，小女孩已經跑往出口。

貼在另一個走廊轉角的告示，若非內容跟安全有關，不如當作卡通漫畫看待就好，因為上面寫的跟地下室的使用情形完全相反：「勿擋住出入口」、「勿將門窗裝設在出入口」、「勿在出入口或樓梯堆放大型物品」、「禁止使用電爐、電暖器及多孔插座」。旁邊還依照警示內容，畫上了爆炸和燒黑的電視、暖氣機。另有一些泡在淹水停

❸ 編注：由法國心理學家（Émile Coué）提出的療法，主張透過人內心強大的自我暗示力量，引導自己的思想、感受或行為，並藉此解決碰到的難題。

車場裡的車子照片，上頭加了警語：「下雨時，救援隊須迅速封鎖停車場與地下室出入口，並疏散人群。」

這類破舊住所經常有意外發生，但就像車禍事故、輕生、移民國外的有錢人家有多少，或是異議人士與受到監禁的新聞記者數量，政府從來不會公告官方統計；就算有也是作假的數據，包括北京地下室內被淹死及火災罹難者的人數也不例外。中國政府就跟每一個獨裁政權相同，視揭露社會現實的種種敏感數字為眼中釘。

沒聽說過淹死人

雖然如此，中國媒體每隔一段時間便會報導在北京臟腑裡淹死或燒死人的事件，只不過依然無法防止底下情事：租戶繼續在走廊用小電爐煮飯炒菜，一條延長線上插滿電器，也不管電線外露、用電超載或是線材老舊；冬天照常用電暖器取暖，即使這就像將一顆定時炸彈擺在身旁。看著這種種景象，我們無法不去思考中國那些工廠爆炸起火而導致上百名工人喪命的事件，正是由於無視安全守則。同樣一條人命，在中國跟在其他地方價值有別。利益誘惑更是壓倒駱駝的最後一根稻草，官商勾結、貪汙行賄凌駕一切規範，在這無限上綱的國度釀成大規模災難。夏季暴雨已然造成大量的傷亡，雨勢洶洶來襲，睡夢中的「鼠人」往往逃不過一波波惡水。逃生樓梯間早被改造成公共儲藏室，堆滿了家具；樓梯扶手掛滿衣架充當臨時吊衣桿，樓梯則擺滿了鞋子，簡直是盜獵者也想不到的完美陷阱。

「淹水的時候，你們有什麼應變措施嗎？」我們問。

「我們這地下室從來沒聽說過有人被淹死。」眼前的鞋商慶幸地說道，他來自山東，在這裡住十年了。

「下雨的時候，我們會備好一袋袋沙包，堆在每個入口和停車場斜坡那邊，防止雨水流進地下室。這是一場大戰，人人都捲起袖子幹活，有時候雨下一整夜，我們就要忙一整夜。」

到目前為止，他們的行動都成功防堵了災難。但是就算逃過水災，地底住戶還得注意漏水造成的影響：下雨期間走廊會有一到兩米深的積水，挾帶著外邊的泥沙，混合著鞋子汙垢、清洗碗盤或盥洗室之類的用水；等到積水退去，便見成片泥濘骯髒，地板瞬間淪為溜冰場，稠稠糊糊的地面又溼又臭，成了蚊蟲產卵繁殖的溫床。

「那住地面上的人呢？他們會適時伸出援手嗎？」

驚愕的眼神回答了一切。這個山東人身材魁梧、髮色烏黑，擁有中國前景看好的小生意人的一切行頭，腰上掛著iPhone，牛仔褲和球鞋都是名牌。他還不確定我們是不知死活的蠢蛋，還是公然在嘲笑他。

「那雷鋒精神呢？不是說要服務人民嗎？」我們正經地追問。

這次，他認定了我們下來只是為了講低級笑話羞辱他。鞋商擠出個含糊笑容，然後轉身當著我們的面一把拉上橘色厚重的門簾，跟他女兒大聲講起話來，她原本在走廊用懷疑的眼神盯著我們。

在我們非常沮喪，準備放棄的當下，竟又遇到了蘇瑩。距離上回碰到她已經一年了，那是二〇一四年夏天，我們與鼠族第一次接觸，也頭一遭進入北京的地底迷宮。當時我們擔心很快會被趕出去，所以假冒成社會學家，故作鎮定、一派輕鬆地逛著，可惜不到兩小時就被渾身酒味、大聲嚷嚷且跟走廊上鄰居念個不停的一個醉漢給拖了出去。被迫撤退的我們一無所獲，只得乖乖地離開。

這日子總會習慣的？

那年，蘇瑩三十九歲，是清潔工，跟丈夫在北京安頓下來不過六個月。講起她留在山東村子裡的十五歲女兒和七歲兒子，她的眼淚就掉個不停。

「這日子我們會習慣的。」她嘆息一聲，又說：「我們這般犧牲，無非是希望他們有個美好的未來。我不希望我的孩子將來得跟我們一樣過這種日子，跟老鼠似的。我的女兒想當個中文老師，我們希望有錢可以供她讀書。這就是為什麼我們要來北京。」

她的丈夫應徵上街道清潔工，而不到兩坪半的小窩已經是他們能負擔的極限了。簡陋的小廚房裡有具瓦斯爐，沒有對外窗戶。一個月租金六百五十人民幣。天花板上綁著許多繩子，用來掛晾各種衣物，活像一張蜘蛛網。我們去拜訪那日，她負責打掃的辦公室員工給了她兩個吃沒幾口的餐盒，便這麼當作是接待我們的晚餐，因為她跟丈夫忙得分身乏術。我早就再三提醒愛麗絲，要是我們跟蘇瑩問起她的孩子，對方一定會崩潰。但那天，愛麗絲仍然被她的反應嚇到了。

「這是我們這一行比較有爭議的一面。」我站在愛麗絲旁邊解釋著，「有時候我們知道一問下去受訪者會哭，但我們還是得問。」

「怎麼有人能夠這樣生活？這真是讓人難受。我知道還有比這更嚇人的，但看到她光為了兩個從工作地方帶回的餐盒，因晚餐有著落就又開心起來，我覺得好可怕。這是侮辱人啊！」正當優優仔細聽著蘇瑩的回答時，愛麗絲咕噥著。

然而，蘇瑩臉上帶著笑意，指著房間裡兩個臨時床墊，屈辱與否她早已不在乎。

「我真的好幸福。下星期孩子就放暑假了，他們要過來找我們。」她真情流露。

或許是由於之前我們目睹她撿吃剩的蘋果那有點丟臉的一幕，加上上次採訪時這個團隊落得被趕走的不愉快回憶、地下室鄰居的責難等等因素，這次和蘇瑩打照面時，她一開始試圖避開我們。

「您好，您還記得我們嗎？」被鞋商拒絕後，我們口拙地冒險上前與她交談。

她有點尷尬地搖搖頭，快步走進房間把門關起來。

「我在寫一本書，是要談像您一樣來自農村、住在地下室的人。我想跟您聊一聊，看您最近過得好不好，想知道您是怎麼適應這種生活的。」

她進了房間，打算相應不理。我們決定孤注一擲，又拋出一句：「我記得您的女兒的夢想是當老師。」

「啊，您還記得這件事。」她說。我想像她眼睛亮了起來。她開了門，請我們進去。

「我保證，今天我們會更加小心，不會惹您哭的。」我先試著緩和氣氛。

蘇瑩給了我們一個大大的笑容，把頭髮整個往後梳，用一條橡皮筋綁起來，臉因為一時情緒漲紅了。她穿著粉紅色的上衣，領口一圈白色蕾絲，搭配黑長褲，散發優雅的氛圍。然而她並不真的那麼適應地底的嚴苛環境，才一年光陰，她已經臉頰凹陷、長髮半白。不管是我或優優，一開始都不敢確定眼前的真的是她。

蘇瑩換了新工作，也承認晚上回來就有點累了。早上五點到下午一點，她在學校餐廳忙著替學生們準備餐點，下午則在附近社區做居家清潔打掃，回到家就晚上七點了。要是空氣汙染沒太嚴重，她會在靠近「地洞」入口外的長椅上休息，先放鬆放鬆、喘口氣歇息。

她說：「一開始，我在這又小又潮溼的房間裡根本沒法呼吸，既焦慮又絕望。我們村子靠近棗莊市（距離北京南邊約六百公里），我在那兒有一棟兩層樓的房子。這裡這麼小的空間，費了我好幾個月才適應。」

做牛做馬，只盼給孩子好未來

蘇瑩從來不在她那三十七歲的丈夫面前抱怨，因為他一天下來比她更累更苦。早上八點到晚上七點，他開路面清潔車，接著晚上八點到半夜，他是一棟大樓的夜間守衛。

「每天晚上他都累壞了，」她嘆了口氣，「但是他沒得選，他賺的錢要供我們女兒讀書。原先他在村子裡開小卡車，幫忙載沙子或貨品，但我們賺的錢太少了，沒法讓孩子有個好的未來。我本來是種田的，直到後來土地被沒收，這都五年前的事了。當時我拿到了一點補償金，就用來蓋房子。但是我們那個地區沒有我能做的工作，也沒什麼能讓我們過活了。」

想到她現在的生活竟然比鄉下日子好過，我不禁打了個冷顫。山東這個省分曾有過動盪的歷史，山東人尤以個性剛烈、韌性與耐力超群著稱。從一九三八年起，在日本皇國主義意識形態主導下，山東便是日本帝國的侵略對象。日本將軍岡村寧次發動「三光」（燒光、殺光、搶光）的焦土政策。一九四二年至一九五八年大躍進之前，山東是整個中國饑荒最為嚴重的地區，據記載還發生過人吃人的案例。然而這裡也是歷史中魯國所在地，以及孔子出生與死去的地方，蘇瑩相信她可以經由工作改變命運，改變她孩子的未來。

蘇瑩毫不避諱揭露自己的不平等遭遇。在屋裡權充廚房的角落，她用刀剁著木砧板上那塊肉，旁邊養金魚的罐子裡的水也隨著每一刀落下而震動。這金魚跟其他租戶一樣，懶洋洋地一動也不動。而走廊上的鄰居每次只要經過蘇瑩門前，就是一陣冷嘲熱諷。

「唷，蘇瑩！你還在跟老外聊啊，今天怎麼話這麼多。」有個要去洗手間的鄰居挖苦她，我疑惑地轉向對方，但人已經跑掉了。蘇瑩對鄰居的奚落毫不在乎，聳肩笑了笑。

「我們都是迫不得已把孩子留在村子裡，畢竟沒有那些文件去辦北京居住證。」她語帶憤慨，「這太不公平了，但我們也沒辦法，該怪自己沒能力。我們做牛做馬也罷，可希望至少孩子能一起過來。因為他們的未來是在這，在像北京一般的大城市。在農村裡他們什麼資源都沒有啊，沒工作、沒事業、沒前途，也沒有發展的空間。我們犧牲這樣大，可什麼都沒改變，他們還是得從零開始。」

因為她的戶口在山東，加上她的父母勉強有些關係，她的女兒至少可以期待將來成為村裡或是地區小學的老師。與子女分離讓蘇瑩飽受煎熬，但她一年只能回去個四、五次，因為旅費太貴了。原先要來北京之前，她還很開心可以到北京見識見識。

她坦承道：「每年春夏，看到馬路兩旁滿滿盛開的花，我就很開心。而且這城市真的很乾淨，沒話說。可是在這裡的生活真是太苦了，我們天天就是工作、吃飯、睡覺。每次跟孩子分開的時候就是心碎，我總要哭個三天，淚水流不停。唯一的安慰就是看到他們也漸漸習慣了；孩子的適應力比大人好。一整年我只期待一件事，就是暑假和農曆年假期，因為他們會過來北京，我們有較多的時間可以相處。我們上工的時候他們就留在家裡學習，到了晚上，我會帶他們去買點東西。週末呢，我們就到城裡逛逛。我們去過老城區的胡同、天安門廣場和動物園。只是到了他們得離開的時候，我就加倍難受，因為我們其實可擁有這樣的生活，但我卻不得不把他們送回鄉下去，給我爸媽照顧。」

蘇瑩把裝滿了碗筷湯勺的盆子浸到大大的水泥槽裡，公用的流理台位於地下室入口。她低下頭開始洗碗，滿臉通紅，眼眶都是淚。

「啊，拜託，您這豈不是讓我們違背了不惹您哭的承諾嗎？下次我們不敢再來找您了。」

這個堅毅又感性的山東母親聽了我的話，微微笑開。

洗碗的尖峰時間到來，許多鄰居對她投以輕蔑的眼神。我們也該走了，但在此之前得先跟她約好下次再見。

誰都能擁有中國夢

地面上，西壩河中里的住戶活在另一個截然不同的世界。就像大部分的市民一樣，長久以來他們對鼠族抱持著某種偏見，很多人以為民工丟下農活來到城市，只是為了賺錢發財，洗白原本的出身。他們也認為那些非城市出身而擁有文憑的高材生，緊緊攀附著上流社會，只是為了滿足他們成功的慾望。不管有意無意，他們都忽略了一點：這些移工承受著巨大的考驗，為許多城市發展做出了重要貢獻。

「那群人都是沒教養的農民。」三樓的一名女住戶抱怨著。

她從一台福斯四輪傳動休旅車裡出來，車上載著她送洗拿回來的昂貴衣物，一件件裝在透明塑膠袋裡。對這個五十幾歲的女人來說，這些從鄉下闖進都市的鄉巴佬，著實干擾了善良社會裡他們這些老實人的生活。

「他們回來得晚，製造了好多噪音。他們地下室的空氣很糟，結果呢，他們就大批占據了花園，在我們窗戶外面吵吵鬧鬧。男人會喝酒抽菸，然後又是打嗝又是吐痰，菸屁股丟得到處都是。就因為他們，害我們的社區清潔費一直漲！當然啦，這些『老鼠』又不用付清潔費，所以他們根本不在乎。這些人都是寄生蟲，政府應該要有所作為，幫我們把他們攆走。」她不悅地說。

我們是否應該相信，一個從遠方歸國且終於開始擁有物質享受的人（這是在十年或十五年前還沒有的），是很難有同情心的？身為一名私人企業的高層幹部，這個女人看來只奉「成功」為圭臬，一旦往下看，便彷彿又回到那個她想抹除的過去。

「他們也有權利擁有中國夢吧？」我問。

「但是他們有什麼夢想好談的？他們沒受過半點教育，在這裡待著也沒前途。」她反駁。

「他們想要活著，想給他們的孩子一個更好的未來呀。」

最後這個看法甚至得不到回應，這位女強人已經逕自走向她的公寓，連一句再見也沒說。

回到聚龍花園，這裡的地底居民完全不會打擾到地面住戶，理由簡單得很，因為地面的人全然無視他們的存在。負責清潔維護的人面對的是每一層的住戶，而住戶不上班的日子，清潔人員盡可能小心動作，也不會在走道上多作停留。其他人只有上工時才會走出洞穴現身，而且懂得讓自己隱形。晚上，社區有警衛巡邏，其中目的之一便是確保沒有任何地底居民惹事生非。

與孩子分離的懲罰

地下室裡，從晚上八點開始，十五名清潔女工的宿舍便窸窸窣窣活躍起來。當所有人都在房間裡時，她們會讓門開著，只用簾子隔絕走廊的光線，這麼一來大家各自起床、拿著塑膠臉盆到盥洗室梳洗的時候，就不會吵到對方。房間入口處有兩張又破又髒不怎堪用的扶手椅，周圍全是空酒瓶和吃過的泡麵碗，這一角獲得蟑螂大軍青睞而大舉進駐。這種地方有什麼好打掃的？不過如果拿它跟廁所散發的惡臭相比，這堆垃圾的確讓人安慰多了。

這批女工在床上賴了好一陣子，接著才起身、開燈。三十五歲的易菲，從甘肅（中國地理上的中心）來這裡兩年了，一頭短髮亂七八糟，身上還穿著睡衣，滿臉疲憊地不停打呵欠。她是工人體育館一家酒吧的清潔工，就跟這裡的同事和室友一樣每天工作時間從早上十一點到下午五點，接著是晚上九點到隔天清晨六點。她們的老闆擁有一間酒吧和一家夜店，裡頭來來去去盡是北京有錢人家小孩，聚龍花園下的這處宿舍便是老闆租的。

「在鄉下我就是個農民，」易菲說著，帶著一種困境中長大的驕傲。「但是我們的土地太貧瘠了，收成不夠。所以我跟老公一塊來這兒，在北京找工作容易許多，薪水也比較好。」

她的丈夫在北京北邊郊區一家工廠做大理石抛光，就住在工廠旁邊。易菲一個月只有四天假，兩人得等假期重疊時才能碰面，一個月就一兩次。他們有個七歲的女兒，留在村子裡給爺爺奶奶照顧，一年到頭只有一次，即農曆春節時他們才會回去全家團聚。他們總會買好多禮物返鄉，以彌補他們的缺席，試圖減低些許罪惡感。總之每年他們會跟女兒相處個十天左右，再回北京工作。

「這是最難的部分，」她淡淡地說著，「每一次都讓我們很痛苦，因為我們沒法看著她長大。我們在她五歲時候離開，彼此感情也慢慢疏遠了，她在電話裡總是講沒幾句。她不聽我們管教，我公婆同樣拿她沒辦法，他們年紀大了、沒那麼多力氣了，所以都隨她去。現實就是她被慣壞了，我們也沒能力改變什麼，終究沒得選。如果我們回去，就沒錢養她，這對她不見得較好。」

「我們失去了跟孩子相處的最好時光啊！」魏小姐插嘴道：「好比被關進牢裡、遭到與孩子分離的懲罰一樣，只差在是自己選的。因為這是唯一能夠給我們孩子一個機會的方法。我們在北京工作個十、十五或二十年，好讓日子過得舒服點、供孩子念書。然後哪一天存夠了錢，我們就回老家，做點小生意。我們這宿舍的人都結婚當媽了。」她今年三十七歲，從山西來這裡已經六年。

魏小姐是兩個孩子的媽，兩個男孩，一個八歲，一個十歲。她個子矮矮胖胖，模樣精明，臉紅通通的。

她打趣地說：「小郭是這裡唯一一個老公沒住在北京的，您沒覺得她很漂亮嗎？您也是，您是個帥哥呀，您知道吧！」

她穿著睡衣，笑得前俯後仰，其他人也被逗樂了，除了小郭。

老公不在北京

小郭正把綠色塑膠臉盆收到鐵床底下，背對著我們，從白上衣和深灰色制服下看得出身形修長纖細。她摺完睡衣後順手把床單拉平，接著才轉身露出她被梳理整齊的長髮包覆、疲倦而美麗臉龐。她忍不住笑出聲，隨即用手遮住她那一口有點亂的牙。

氣來。

「我才來北京三個月。我的關係不夠好，沒法幫我老公找份工作。」她辯解著。這下子她的室友簡直笑到東倒西歪無法克制，小郭故作害羞低下頭，接著睜大她的褐色眼珠看著我。本來對地下室那令人窒息的悶熱毫無感覺，此刻我竟瞬間覺得喘不過氣來。

「你應該說老公不在北京更好。」另一個穿著薄睡衣的年輕女人說道，她跪坐在上鋪，懷裡挨著一只抱枕。

接下來數分鐘的靜默之間不時爆出笑聲，然後一切才歸於平靜。晚上八點四十分了，大家都急急忙忙趕著出門免得遲到。但是她們還在等眼前外國人的回應，這傢伙給了她們一場別開生面的起床經驗。

向她們說再見之前，我開口道：「我看你們都急著要去上班了吧，其實我就住在你們宿舍樓上，我會再回來當你們的鬧鐘的，因為這實在太好玩了。不過離開前我要說，我很同情你們的老公，如果他們一個月只跟你們碰一次面，應該很痛苦。」

所有人又是一陣瘋狂大笑，接著這群歡樂的女子，隨即風也似地消失無蹤。

第六章

驚奇之旅

老鄭來作客

我就這樣不請自來，魯莽地闖進他們的生活，沒想到他們竟然會對我如此禮遇。

北京的盛夏說來就來，暑氣蒸騰意味著學期的結束，也是外籍人士回國度假的時候。我太太和兩個小孩一刻也沒耽擱，老早飛回法國跟親朋好友團聚了。老鄭，那個在地下室熱情的大樓清潔工，注意到連續兩星期我都形單影隻，於是今晚，他像是打定主意似的。我家廚房外邊是一條公共走道，當時我正要準備晚餐，便聽到他敲窗戶的聲響。

「你吃飽了嗎？」他笑著問。

優優，我的這位好朋友兼翻譯不在身旁，令我有點失措。我不懂他是想跟我要點食物，還是想跟我一起晚餐。於是我叫他再重複一遍、講慢一些。最後，我理解到他希望我給他一點東西當晚餐。

「有、有，我這有吃的東西。」

但我不曉得可以給他什麼，於是比手畫腳要他繞一圈從正門進來。我家並不像其他外籍人士一樣充滿濃厚的西方情調，卻也足夠讓他驚嘆不已。

「這太漂亮、太漂亮了。」他仔細打量我們寬敞客廳（鋪著仿實木地板）裡的家具，「這美得不像真的，好像在電影裡。」

他大膽摸了一下灰色軟皮大沙發，滿臉笑意。就跟那些相約在ＩＫＥＡ碰面的中國人，圖的是把每張沙發、每張床都試躺過一輪，他那孩子般的眼神洩漏了他想躺進去的慾望。我請他坐下消消暑，拿出一瓶德國啤酒兩人分著喝。這是他生平第一瓶外國啤酒。

「好喝，」他大聲地說，「爽口！但這很烈啊，比咱們中國啤酒還烈。我們可以打開電視嗎？我沒瞧過這麼大的電視。」

我按下開關，先讓電視待機，再把遙控器遞給他。他胡亂地猛切換頻道，直到轉到一齣回顧毛澤東一生的連續劇。

我問：「毛澤東是個好領導嗎？」

「這是唯一可以算得上是位好領導的，他找回我們中國的驕傲，尋求共同的利益。但是他犯了太多錯誤，造成很多災難。這連續劇不會演壞的部分，錯誤有什麼好再提的？所有人都曉得。劇裡面的毛澤東比現實的要好，所以大家都愛看這齣劇。」

我的中文口語程度很快到達極限，我們的對話穿插著長長的沉默及笑容。於是，我決定給他找點樂子。

好大一塊牛肉！

「你在找吃的對吧……跟我到廚房來！櫥櫃裡的東西你隨意拿，看你要什麼。」我對自己的大方沾沾自喜，打開櫃子卻發現他沒什麼能拿的。從法國帶來的油封鴨罐頭、義大利麵、鮪魚罐頭或四季豆罐頭、番茄糊、Nutella榛果巧克力醬等等，老鄭因沒見過這些東西，顯得十分小心謹慎。超市裡專為西方人或中國有錢人設的那幾區他從沒逛過。於是他哈哈大笑——這是人遇上尷尬或困窘情況時常見的反應。但我還是從櫃子深處找到了一包米給他，接著我又指著冰箱。他站在美國製的大冰箱前讚嘆不已，可在我們眼裡這不過是是廚房裡一件稍微貴了點的家電罷了。

我打開冰箱，指著幾樣他可能感興趣的東西。他看著乳酪撇了撇嘴，轉向優格，試吃了一點酸黃瓜，滿臉狐疑，把幾根紅蘿蔔、幾支蔥裝進口袋。不過，牛排倒吸引了他的目光。

「噢！好大一塊牛肉。我永遠也買不起這麼大塊的肉。」

這塊肉原本是我的晚餐材料。我切了一半，把另一半冰起來準備隔天吃。我試著跟他解釋，如果把這牛肉用中式做法切小塊跟蔬菜一起炒，那真是暴殄天物。我拿了平底鍋，模擬煎牛排的樣子給他看。他搖搖頭表示他辦不到。最後我決定叫他留下來跟我一起吃，配上普羅旺斯蔬菜冷盤，老鄭接受了。我再度打開冰箱，眼角餘光瞄到那罐某個馬賽朋友做的美味威士忌風味陶罐肥肝，心想不如給老鄭嘗點好料。我拿出聖內克泰爾乳酪和從法國帶來熟成二十四個月的孶德乳酪；烤麵包、鋪餐桌；打開酒櫃，挑了一瓶上好的波爾多，不過這瓶跟肥肝不搭，所以白酒先上。我們舉杯，老鄭一口乾了，露出滿意的表情。我把肥肝塗在麵包上，給了他一片。他想用筷子去夾卻夾不起來，我叫他用手拿著吃，並示範給他看，接著喝一小口酒。他有樣學樣跟著做，然後驚呼：「噢！好吃，這樣好好吃。」

鍋子已經熱了，我把牛排放進去，灑了點海鹽和壓碎的四川花椒。我的客人滿臉疑惑看著我的一舉一動——老鄭從沒吃過一整塊牛排。

我直接把裝了牛排的盤子放到他面前，一人一盤，然後倒了兩杯紅酒。老鄭看著牛排手足無措，只好先喝一小口紅酒。

「好喝、好喝，真好喝——」他十分興奮。

可是，從他那侷促不安的眼神，我才發現自己忽略了一件事。他不曾吃過如此料理的紅肉，這盤陌生的食物讓他有點害怕，而且他不曉得從何吃起：要用他不太熟練的刀叉來吃，還是用筷子？

「讓我來？」我接過盤子，幫他把帶血的牛排切成一塊塊。

接著我也把自己這盤切一切，用叉子叉起一塊肉。老鄭相當靈巧地模仿我的每一個動作。他大聲嚼著，臉上露出困惑的笑容。從他的表情，我知道他想把肉吐到垃圾桶去，但是他不敢。

無福消受的晚餐

我拿出手機，裡頭有項應用程式既可查單字也可以手寫中文，這樣我們可能較好溝通。要是我不知道該怎麼講，我就寫法文，叫老鄭看中文；相反地，要是他發現我聽不懂他在說什麼，甚至比手畫腳也沒用的話，就把手機拿過去手寫中文，螢幕上便會直接顯示出法文，真是謝天謝地。我們也用微信溝通，因為這款APP可以直接譯出整個句子，雖然有時候譯出來的句子會不知所云或很滑稽。我想到旅遊節目《來去你家住一宿》❶，猶豫著要不要告訴他自己的想法，說我其實幻想到他的地洞裡待一晚。我認為這樣的經驗會對調查很有幫助。不過我有點遲疑，因為當初在他們廚房吃飯時我提出晚

❶ 譯注：《來去你家住一宿》（*J'irai dormir chez vous*）是由安東尼・德麥克西米（Antoine de Maximy）主持的一個旅遊節目，德麥克西米總是一個人出發到世界各地，沒有隨行翻譯或導遊，在未必了解當地語言情況下，他必須試著與當地人溝通並讓當地人招待他到家裡吃住一晚。

餐邀請，幾個月後的今晚老鄭真的依約來了，我也真的回請了他一頓；不知道要是哪天老鄭站在我們家門口說要來住一晚時，我太太會是什麼表情。

在酒精的催化下，我忍不住脫口而出，隨即又後悔。太遲了。老鄭已經一口答應，只要情況允許，有機會的話他就讓我到他家過夜。接著又是一陣沉默。即使有智慧型手機的輔助，彼此也很願意多聊點什麼，但是我們的對話實在貧乏得教人沮喪。紅酒沒剩多少了，我給他倒了一杯下馬雅邑區白蘭地，老鄭二話不說，直接乾杯。乾到第三杯時，他的臉整個發白。

「我……馬馬虎虎……」他眼光搜尋著廁所，「我不好……不好。」❷

老鄭用了十分鐘把晚餐全吐了出來，他吃太多了。恢復正常以後，他不好意思地笑了笑。

我知道他需要什麼了。我想起剛搬到聚龍花園的時候，他和他太太那充滿朝氣的臉。當時因為沒有儲藏室，我們把孩子已經睡不下的小床、IKEA舊櫃子、過時燈罩和一大堆雜物暫時堆在我們公寓門口，一時不曉得怎麼處理才好。結果沒多久，我們就遇到了老鄭和他太太舒真，他們躲在一旁，等著我們同意好把這批東西通通搬回他們的迷你小窩。現在看著他那數十年如一日破舊脫線的迷彩襯衫和長褲，我想到衣櫥裡那些早就沒在穿的衣物，便請他到客廳，要他坐著等我一下，然後上樓裝了滿滿一袋的衣服，連同一包米還有幾顆梨子、桃子和優格的袋子，一起塞給他。他毫不猶豫地接過手。在那等艱困、百物欠缺的生活條件之下，他早顧不得什麼表面矜持。他當然買不起這些物資，而任何故作姿態都會是一種侮辱。

老鄭往門口走去，轉身之前他先放下了袋子。

「謝謝、謝謝、謝謝……！」他連聲說著。我緊緊握住他的手，目送他離開。

❷ 編注：此兩句話作者以拼音寫成，此處予以保留原貌。

第七章

被遺棄在農村的孩子

「輪船即將沉沒時，老鼠總是最先離開的。」

——費奧多爾・杜斯妥也夫斯基

中國永遠不會有那一天

雖然毫無相似處，不過每個經過偌大北京西站的旅客，總令我想起柏林的腓特烈大街。北京西站有二十個月台，號稱「中國高鐵」的子彈列車以及普通列車都從這裡發車，加上一堆候車室、咖啡廳與商店，這兒體現了所有佔地驚人的中國大型車站的誇耀無度。相形之下，腓特烈大街站的規模合常理許多。但是就跟北京西站一樣，從前的「淚宮」（Tränenpalast，位於柏林車站北側，既是終點站也是當年往來東西德間過境旅客必經的邊境檢查哨），總是上演著撕心裂肺的別離劇碼，那些Wessi[1]再次回到西方世界，不曉得何時才能與困在東邊的父母、手足和親友們重逢。

有一天，我和北京朋友在北京西站等人，跟她隨口聊及兩德統一之後，德國開放了史塔西（Stasi，德國秘密警察）檔案，每個人皆可查閱個人檔案，獲知自己周圍親朋好友間究竟誰是告密者。她聽了直呼不可思議。

「在中國永遠不會有這麼一天的，」她斬釘截鐵地說：「所有人都知道執政者還沒打算鬆手。況且我們可是有十三億人加上煩死人的官僚組織。你能想像在那綿延數千公

[1] 譯注：「Wessi」是東西德未統一之前對西德人的稱呼，東德人則是「Ossi」。

里的檔案裡翻找嗎？要是哪一天我們政治體制換了，最好一切讓它過去別再要求什麼補償，否則肯定天下大亂。再說也沒人想看到中國出現這種混亂，畢竟我們人口這麼多，一亂就是不可收拾的災難。」

她已經厭煩所謂開放性假設，也不想再等下去。我來到北京的隔年，她就移民去了加拿大。

看著北京西站來來往往的旅客，這位北京朋友的話不斷浮現我腦海。他們那類獨特綁法的包袱、隨身的吃食、瘋狂的購買慾，把北京這種大都會最實用到最荒誕的，可以買的東西都買下了。這些回鄉旅客的表情都似曾相識，我再度陷入在柏林生活的那段日子，我無法不拿東德人來與之類比，當他們瞧見西柏林的百貨公司——比如KaDeWe時的模樣。來自外省的居民相對貧困，他們粗陋的衣著與北京的繁華格格不入，顯然在中國同樣有兩個世界並存著：擁有特權的城市人居住的世界與鄉下人的世界。

這個星期日晚上，北京西站有一對夫婦正陪著他們的女兒等車，她準備回衡水市（在河北省南方，距離北京二百七十五公里）的寄宿學校去。在西方國家，通常有錢人家的小孩才會去讀昂貴的寄宿學校，在北京恰恰相反。民工的孩子被迫與父母分開，只好去當地的寄宿學校，因為他們的戶口不被允許在北京的公立學校註冊。中產階級的父母會花點錢請家教老師以提升自家小孩的學業成績，確保他們日後可能的美好將來，而民工則必須拚命工作才能把孩子送進學校。鼠族之中不乏犧牲奉獻的例子，有時甚至關乎生死。

二等公民問題被看見了？

裴曉彤，十歲的她穿著學校發的藍白運動服，抿嘴笑著，揮手跟爸媽說再見，結束了五天北京假期。她的學校裡有九成學生都是民工的孩子。若是父母付得起旅費，一年可以讓孩子到北京跟他們團聚幾次，每次停留個五天的話，學校就會替學生另外規劃課表。曉彤這樣定期來跟爸媽團聚已經維持五年了，她的父母始終不習慣跟她分開那麼久，每次都藏不住眼淚。他們在好幾處市場賣菜，每天從清晨五點工作到晚上十點，即使是曉彤到北京的時候，他們也撥不出多少時間陪她。

「理論上，我們的孩子是有機會在北京的學校註冊的。」她的父親裴勇，看著遠去的火車說道。他個子高又結實，力氣媲美拳擊手，穿著一條中腰牛仔褲、繫著腰帶，整個人縮在黑色仿皮夾克裡，看起來不似那種會輕易被擊倒的人，但是，他屈服於體制。

「不過事實上，公立學校不是給我們念的。要上公立學校，我們得要準備九種不同的文件，其中一份是房屋產權證明、一份是工作合約。這文件我們怎麼可能會有！我只賺這點錢，怎麼可能在北京買房。一開始我女兒不想走，以為我們不要她了。最後我把她說服，讓她明白上了學以後才能進北京的大學，才有好的未來。」

由於法律明訂適齡兒童享有九年免費義務教育，近年來，幾個大城市允許外來居民在沒有當地戶口的情況下，讓他們的孩子在居住地的學校註冊，但是必須提供好幾種文件。在二〇一四至二〇一五學年度，北京某些區域公告了附加條件：父母必須住在孩子的學區，並在學區內工作。如此一來，等於排除了長程往返於城市間工作的外來居民。此外，有些單位還會要求他們出示社會保險證明或是房屋產權證明，甚至有部分父母在一開始就被告知，不管他們文件備得多齊全，他們的孩子也不可能在當地學校註冊。根據《南方周末》報導，北京對外來居民的限制，剝奪了十幾萬中國孩童的受教權；而根據習慣降低嚴重性的官方統計數字，約有十四萬名孩童被北京公立教育系統擋在門外。

中共當局意識到問題的嚴重性，近期果決宣布提升這群二等公民的權益。然而，去年政府才決定要「嚴格」管制大都會的人口規模，並將外移人口疏散到中型城市，預計在二〇二〇年讓一億人口在這類城市歸戶。地方政府則決議要遏止人口成長，期望在二〇二〇年達到將北京常住人口控制在二千三百萬人以內。不過，許多專家認為無須限制北京的人口，真正的問題是中國在教育這一塊投入的經費不足。千禧年時候北京有一千八百所公立小學，現在只剩下大約一千所，但人口在這期間卻躍升六成，於是當然出現了大量私立學校來填補空缺。然而因為私校不屬於官方教育體制，所以很多私校畢業生無法參加大學入學考，且獲得官方承認的私校，入學條件又跟公立學校一樣嚴格。

連生日都忘了

根據《北京青年報》進一步的數據，數千名落腳北京的民工子女都就讀於河北的寄宿學校。儘管孤獨寂寞、儘管有環境適應上的困難，這些孩子已算是幸運兒了。因為更多住在北京地下室的民工，根本沒有能力讓小孩寄宿，而其中壓倒性的多數則是把孩子留在他們出生的農村裡。中華全國婦女聯合會（ACWF，簡稱「全國婦聯」）估計，二〇一三年時約有超過六千一百萬的「棄兒」留在農村，由祖父母或是親友照顧。他們的父母隨著人類史上最大遷徙潮出走，前往大都會工作謀生。中國人民社會大學的人口統計學教授段成榮，參與了全國婦聯調查計畫，即以二〇一〇年最後一次人口普查為基礎，指出目前這些留守農村的孩子約在六千五百萬到六千六百萬之間，而民工人數則超過二億七千萬。

接近放學時分，只見幾個祖父母在塘溪村的公立小學外面等著。偏僻的塘溪村位於江西省（中國最窮的省分之一），這裡大部分的學生都是留守兒童，也就是因父母赴大城市工作而被留在農村的「棄兒」。如同整個中國鄉下其他無數被拋下的孩子，塘溪的小學生迫不及待數著農曆春節還剩幾天到來，那是相隔好幾個月後可再見到爸爸媽媽的日子。

九歲的蕭海蹲在泥土路上，附近是坍塌的灰瓦紅磚房，他衣著破爛、一臉髒汙，看著同學玩智慧型手機，另一手不時從塑膠袋裡拿出烤雞爪吃著。放學了沒人陪，他乾脆在路上逗留玩耍。

「我的爺爺奶奶都在田裡工作。」他指著遠處的小農舍，冬天一片褐色稻田裡的某個小灰點，泥埂把田地分隔成一格一格。

他的祖父母幾乎都沒念過書，自然也無法教他寫功課。

「我全是靠自己，現實就這樣。」他有點生氣嘟囔著，眼睛始終盯著螢幕，手還不停摳著鼻屎，指甲縫裡都是汙垢。

多年勞累過度，他這兩個快七十歲的代理父母，提供了蕭海最基本的需求：一個家、一張床、三餐和一點關愛；其他時間他們有工作，孩子必須學會獨立。每個月，他爸媽會把存下來的一點錢寄回來讓他買點東西，他們一年只能見一次面，有時甚至兩年才見一次。

「今年，他們跟我保證會回來過春節，去年他們沒買到火車票。」

長期的分離讓這孩子變得冷酷，蕭海對下一次與父母的團聚顯得毫不在乎。「我無所謂。」他說。後來他才承認他很需要爸媽，常常想著他們，有幾次想著想著還哭了。

蕭海說他不記得爸媽住在哪個城市，也不曉得他們到底是做什麼的。這小男孩只知道他們在一間工廠工作，因為住得太遠了，一年裡頭只能回來一次。

「學校有教我們寫信，我寫了，但是他們不一定會回。有時他們會打電話給我，不過也不常打。今年，他們連我生日都忘了。」

他的父母從來不會過問他在學校的成績，也從來不曾跟老師聯絡。

留守兒童淪為犧牲品

這些留守兒童可謂中國近三十年來驚人成長下的犧牲品，占了農村兒童的百分之三十七點七，占全中國兒童的百分之二十二。他們大部分都由祖父母或是親戚撫養，有些則完全一個人生活（根據全國婦聯調查，不超過百分之五），靠爸媽寄給他們的錢養活自己。從塘溪村到最近的大城宜春市要七十公里，一路上到處是小村莊，小孩就在泥土路上玩耍撿小石頭。有些孩子玩累了，在路邊倒頭就睡，而大卡車就從他們身邊呼嘯而過。一出生就與父母分離，這些留守兒童就這樣從小孩長成青少年，沒有人注意過他們的生理、心理健康或情緒。

易志斌從前是宜春市一家專收棄兒的育幼院院長，現在則是其中一個村子的老師。他說：「這些孩子都沒人管，也沒有正常作息。他們就在這條路上跑跳玩耍，直到筋疲力盡直接倒在路上，有些孩子就這樣被車子輾過，有些掉到池塘裡溺死。」

儘管易老師看起來像個警察，如田徑選手般的體格在褪色牛仔褲與皮製派克大衣下一覽無遺，也會擔心鄰居的閒言閒語，大剌剌跟外國人打交道可行不通。他把我們帶離他家，到另一條荒涼的路邊去，這才悠悠地跟我們講起這些孩子的日常。他的菸沒斷過，車子內部很快籠罩在厚重煙雲之中。在菸味與他所說的殘酷故事夾擊之下，我整個人暈頭轉向，筆記上的字跡也隨之模糊。

媒體不時會報導這類悲慘事件。二〇一五年六月，四個孩子的死撼動了整個中國。他們都是被移工父母遺棄的小孩，從裡頭年紀最大的孩子身邊找到了一封遺書，證實他們是喝下農藥自殺而死的。遺書上寫著：

謝謝你們的好意，我知道你們對我的好，但是我該走了。我曾經發誓活不過十五歲，死亡是我多年的夢想，今天清零了。

這四個小孩，一個哥哥和三個妹妹，最小的五歲，最大十四歲，在畢節市茨竹村的家中被人發現死在床上。畢節位於貴州，這是中國最貧困的省分。根據調查，他們從二〇一四年開始獨自住在父母留下的房子裡。他們的父親在外打工，每個月寄七百塊人民幣回家給他們當生活費。母親則因為有一次與孩子的父親爭吵且遭到家暴，離家到中國的工業重鎮廣東謀生。自此以後，孩子們靠著父親之前種的玉米田過活，學校也不去了。

他們受家暴的母親任希芬，三十二歲，從廣東玩具工廠趕回畢節參加葬禮。「我沒有負起我的責任。」看到四個孩子下葬前的遺體，她才醒悟。她承認那次跟先生大吵後離家出走以來，「沒勇氣再回去」。她懊悔道：「我的確是拋棄了他們。我不識字，連自己名字都不會寫。我希望他們在學校有好成績，別跟我一樣，我不想他們過這種苦日子，現在我真想跟他們一起走。」

眾多團體單位感到萬分遺憾，這些孩子的父母在大城市裡工作，像老鼠那樣活著，偏偏政府拿不出任何配套措施，比如建置寄宿學校系統來收容這些被遺棄在農村裡的民工小孩。

此則新聞在網路上更是掀起狂風巨浪一片撻伐，儘管當局出動審查大軍清除網路上各種「不當」訊息，依然無法遏止民眾面對這場人間悲劇的憤怒。

「這些留守兒童都是都市化進程的犧牲品。政府在一些大型公立學校花太多錢，但能讀那些學校的都是特權分子，而農村地區的教育得到的關注那麼少，這對農民工來說就是極端剝削和不平等。」網友風渡鐘在微博上寫道。

「這悲劇是戶口制度引起的，天下哪有父母不愛自己的孩子？誰想離開孩子到外地打工？」微博用戶圓圓兒質疑。

中共總理李克強，在事件發生後要求嚴查，認為中華人民共和國「不應該讓這樣的悲劇一再發生……」。

親子分離的創傷

二〇一二年，貴州有五名年齡介於九到十三歲之間的堂兄弟，被發現死在一個垃圾桶裡。這樁事件震驚了中國，並讓社會注意到留守兒童的悲慘命運。這些孩子是死於一氧化碳中毒，因為正值寒冬，他們爬進了大垃圾桶裡，在裡面點火想取暖。他們的父母都離鄉背井到沿海地區工業重鎮找工作，因為那裡勞工奇缺，永遠有零工可打。由於沒有大人在一旁照料生活起居，後來他們就成了路邊的流浪兒。

二〇〇九年，一名男童和一名女童摔進鄰村一口井裡溺死。另一起悲劇，是一個跟爺爺同住的男孩誤食老鼠藥中毒身亡，而他爺爺由於過分內疚，沒多久即自殺了。根據各協會團體的估算，每年死亡的留守兒童不計其數，但因為缺少正式的官方死亡人數統計，民眾只能從媒體或社群網路上流傳的消息，得知零星的悲劇個案。

這類親子分離造成的心理創傷則鮮少被提及：一成五的留守兒童都罹患精神疾病，約五成有心理障礙，主要症狀是抑鬱與焦慮，但也有因為自卑感與自信不足而造成的行為偏差。根據中國司法部的統計，七成的青年罪犯都是「棄兒」。官方數據並指出，中國農村地區至少有兩千萬名兒童輟學，亦即十個裡面就有一個沒讀書；而約有七成的留守兒童在課堂裡無法跟上進度。他們當中很多沾染上酗酒、吸毒的惡習，有的日復一日在路上晃蕩、遊戲，或是流連網咖。在湖南有個被遺棄的十五歲男孩，偷偷闖入他人的公寓，為了三百人民幣而殺死屋主。事後他跟警察解釋因為他需要錢上網咖，而當時他的父親人在廣東，為著微薄薪資辛勤工作。

這家裡都沒人了

塘溪這個小村落則在二〇一二年五月六日發生過一起悲劇。這一天，王家的五個孩子：六歲的王玉波、十歲的王意族和王心滿、十一歲的王寶婷和王寶蘭，一起跑到池塘玩水消暑，結果不會游泳的他們不幸溺死。事件發生至今三年了，七十五歲的王久壽，以及他老婆，也就是原本看顧著六個孫的七十四歲李細秀，一想起孫子孫女溺水的這天，猶是悲痛萬分。

坐在他們簡陋房子的門檻上，身子倚著一張竹凳子，李細秀穿著碎花衫，袖子反摺頻頻拭淚。她丈夫用泛黃的紙捲了土菸，一根接一根抽著，邊吐煙圈邊啜泣。他的眼神迷茫，乾癟的臉滿是皺紋，頭上的藍色棒球帽與他的年紀格格不入，身上的外套嚴重磨損，反覆說著同樣的句子：「我沒想過我的孫會這樣離開。」

鄰居婦人跟我們比比手勢，示意孩子們的爺爺早瘋啦！我和優優有點慚愧來到這裡惹他們憶起傷心往事，當下恨不得馬上鑽回車子裡，放過這兩個老人家，讓他們平息傷痛。但是李細秀不太在乎我們的顧慮，她放任自己說個不停，說啊說的，像是藉此驅魔，驅逐傷痛的魔。她意識清楚，但被罪惡感啃齧著，似乎無法再注意丈夫的狀態了。悲劇發生的那天，她遠遠聽到小孩呼救，胸口一緊，浮現不祥預感，隨即趕去池塘。但是她不會游泳，便打電話叫丈夫快到村裡找人來救。王久壽想找鄰居一塊幫忙，卻找不到半個能下水救人的。

「年輕人都到外地工作了。發生這種意外沒人能幫我們，」他喃喃自語，「只有你自己一個人、一個人、一個人……。」

孩子們尖叫救命，跟一潭池塘泥水搏鬥著，李奶奶沒辦法，叫了一輛計程車到隔壁村子找人。等到她終於帶著兩個年輕人回到現場，卻已經太晚，救不回孩子了。經過這樣的事，她身心俱疲。她兩手撐著臉，眼淚不停掉下來，就這樣過了幾分鐘，才嘆了一口氣，說道：「我們工作很多，要給孩子煮飯、帶他們去上學。但我們沒法隨時看著他們，這太累了，我們沒能力。我們這麼老了不適合帶孩子。」

老太太說她兩個兒子實在沒別的選擇，只能把小孩託給他們照顧，兩兄弟到沿海一帶打工。他們主要待在深圳，距離他們村子八百公里，中國南方大都市，是鄧小平在一九七〇年代推行經濟開放政策時的實驗場，對面是香港。

「我兒子就跟村裡其他年輕人一樣，他們都得外出找工作，在家的孩子才有飯吃。我們這除了種稻種土豆、打葵花油，沒別的了。企業不會來這兒開工廠，這是山裡，去哪都遠。」她邊說邊搖頭。

像是一種詛咒，李細秀說一開始她兩個兒子生的都是女孩。他們不死心，繼續生，總算生到了兒子，因為「根據傳統一定要有個兒子」。但他們當然知道自己沒辦法養。官僚主義的壓路機於是又開動了，動力便是它最著稱的冷酷無情。因為他們違反了一胎化政策，而且不只違反一次。罰款是天文數字，相當於他們工作十年的薪資。

「這事發生之前，官員幾乎天天都來找麻煩，催我們趕快繳錢。」李細秀冷靜中帶憤怒，「有一天他們找了幾個工人來，在我們牆上亂敲一通，威脅說要拆我們房子。但我們沒錢，要怎麼繳？我們真的很窮，付不出罰款。」

後來因為這場悲劇引起國內外媒體的關注，當地政府暫且放過了這一家人。然而，這筆罰款並沒有正式緩繳，也沒有取消。地方官員只要開口，隨時可以向他們追討，就算習近平承諾要改革、要「依法治國」，專制仍是每個階級單位的常態。王家兩兄弟在宜春工地找到工作，老二王光軍在這起意外失去兩個女兒，後來便帶著妻小搬到宜春，夫婦倆自己照顧倖存的兒子。

「幸好我們還有一個兒子，之後再苦我們也不會到其他城市工作了。現在，對我們來說最重要的是陪在他身邊。」王光軍懊悔不已。

李細秀認為，孩子「跟爸媽在一起比較好」。她補充道：「孩子不會聽我們的，他們成天只想出去找朋友玩，不想做作業。他們的父母親比較嚴格，可以在旁邊盯他們的功課。」

屋子客廳的水泥地上，一群母雞正啄食麵包屑，一隻公雞拍著翅膀追著牠們跑。偌大的飯桌圍著十五張椅子，但是再也不見一家團圓同桌吃飯的景象……。

「留下來跟我們一塊午餐吧，這家裡都沒人了。」李奶奶跟我們提議。

她把蔬菜和雞肉丟進大炒鍋，放了點紅辣椒跟其他香料，用長筷翻炒著。老舊電鍋裡的飯已經煮好了。我的胃緊緊縮著，沒有食慾。優優也一樣。我們盡量保持禮貌，用筷子夾一點，而李細秀和她的老伴則狼吞虎嚥吃著。我被他們的胃口嚇到了，無法聽進去他們說什麼。心裡只想著，他們一輩子始終被飢餓所折磨，以至於吃飽、活下來已經成為他們唯一的準則，其他都不重要。

自忖應該要告辭的時候，我聽到最後一個句子——「兒子沒責怪我們，但是他們沒那麼常回來了，」李細秀悔恨不已，「還好孫子每個星期都會打好幾次電話來，說他很想我們。」

工作在哪，爸媽就在哪

宜春袁州區的區長來到塘溪國小，說明這整個區的小學裡有七成的學生獨自生活，爸媽不在身邊。

「最嚴重的問題是缺乏關愛，」他如此說，「所以我們嘗試要求老師多做些家庭訪問，帶點小禮物去探視孩子來彌補這個缺憾。我們也教導學生寫信給他們的父母。我們還會定期與這些家長聯絡，讓他們知道孩子在學校的學習狀況。」

袁州區黨部秘書經由學校通報，也趕來參與對談，顯然這些孩童罹難事件已被當地官員視為「敏感」議題。我和優優猜想，這大概是我們最後一次在這裡匿名採訪了。一般來說，黨幹部出現的時候都有警察隨行，警察會要求我們出示中央或地方政府的許可文件（而這文件根本無法取得）。只要是新聞記者針對敏感議題提出的任何申請，中國行政單位的處理手段絕對無人能及，總是有辦法將之撤銷。警察看完我們的身分證件之後，通常會給出兩個選擇，一是載我們到最近的機場，另一則是刻意大搖大擺護送我們，搞得沒有人敢跟我們說話甚至不敢看我們。這次我們運氣不錯，黨秘書是自己過來的。他照慣例要求我們出示一堆我們沒有的許可文件之後，還願意跟我們談談。

「自從發生了這樣的悲劇，所有人都意識到了孩子是家庭、是國家的未來。」這位地方官說著，並再三要求我們要遵照約定讓他匿名。他拿下眼鏡嘆了口氣，把眼鏡放進白襯衫口袋，站起身拍了拍黑色褲腳的灰塵。

剛才我小心地沒有拿出小本子作筆記，就是為了取得他的信任，結束他卻講了三言兩語便打算結束這個話題。我和優優不免擔心他會讓我們在這個地區最後的取材功虧一簣，於是不敢有所動作。好險，他改變主意，又坐了下來。

「幸好，現代溝通工具讓事情變得單純許多，」他繼續講，彷彿什麼事也沒發生。「我們也擬定計畫創造工作機會，吸引企業進駐宜春地區。這麼一來，原本每個月在遙遠大城市賺四千人民幣的家庭，就會願意回到較近的中型城市。能夠每個月賺三千人民幣他們也滿足了，畢竟可以更常回家看孩子，或是跟孩子住在一起。」

思考了半晌，這位黨秘書卻講不出哪一家企業已有到宜春設廠的計畫。

「要吸引企業進駐這裡、創造工作機會，並沒那麼容易……」他承認了。「村子裡，每個到了工作年齡的人都離開了，只剩下老人和小孩。」

以前擔任過留守兒童育幼院院長的易志斌滿臉失望，揮手掃去車子吐出的濃煙。

他怒道：「每次淨說漂亮話，從來就沒為孩子做點什麼！公立學校唯一該擔心的，就是師資品質。事實是，這些被遺棄的孩子都只能天生天養。我在育幼院三十年裡，從沒接過他們父母一通電話，就算是孩子生病了也一樣。祖父母只管他們吃飽。到了青少年時期他們會去網咖，很容易受到各種不良影響學壞。他們父母寄的錢足夠提供他們基本需求了，但是這些男孩子拿到就亂花，然後不夠花就用偷的用騙的。女孩子很年輕就談戀愛，把自己人生搞得一塌胡塗。我們社會有個錯誤的價值觀，認為爸媽為了賺錢可以犧牲自己的孩子。如果孩子不去上學、過得不幸福，長大後一無是處或是變成罪犯，那這到底有什麼好處？」

如今，中國城市化的比率是五十個百分點，並計畫在下個十年達到七十個百分點。工作機會回到農村地區的那一天，看來還有得等。

提早長大的孩子

有些孩子因為感覺被遺棄而離家出走，逃票搭火車前往大城市，企圖找到他們的爸媽。對於「棄兒」來說，跟爸媽見面是種奢侈。警察不會統計他們究竟將多少七到十四歲的孩子遣送回家，而在這些孩子當中，選擇輕生的亦大有人在。

二〇一四年一月，蕭麟自己到學校拿成績單，其他小朋友多半由爸媽陪同。小麟九歲，他出生沒多久爸媽就離婚並離開了安徽石集村。

拿到成績單時，他看起來對自己的學業表現有點失望。同一天晚上，他的媽媽打電話給他說這個農曆年沒辦法回家跟他團聚，而那時距離過年僅剩幾個星期了。晚餐的時候他很安靜，一句話也沒說。周圍的人料不到幾個小時後，他會用廁所的一條繩子把自己勒死……沒留下隻字片語。

小麟的父親在他滿月時離開他，幾個月後母親也走了。校長楊清林說，他的爸媽不曾到學校來拿過他一張成績單，當然也沒出席過學校的家長日親師座談，還很少打電話給小麟，這些都讓小孩更加沒有安全感。小麟自殺後，他的父親因為擔心請假會丟了工作，還不太想出席葬禮。

「小麟比其他孩子更懂事，因為他知道要是在學校惹了禍，沒有人可以保護他。」

楊校長說。

別忘了爸爸媽媽

二〇一三年年底，一起事件讓整個中國網絡熱血沸騰。一切是由一張有趣的告示開始的。株洲市一家理髮店「剪吧」的老闆在店門口貼了告示，讓髮廊的常客都愣住了。

> 尊敬的各位顧客：昨天我接到女兒打來的電話，因為長時間沒有帶在身邊，她都不會叫我爸爸了。（中略）特向各位VIP，請假一週回老家休假探親，望批准！❷

經過的路人看到了紙條，把它拍下來上傳到微博社群網站。

---

❷ 譯注：告示全文為：「尊敬的各位顧客：昨天我接到女兒打來的電話，因為長時間沒有帶在身邊，她都不會叫我爸爸了。用青春賺的錢，難以買回青春。用幸福時光賺的錢，難以買回幸福時光。謝謝您們對本店的支持，年輕的時候人人應該放任一下，縱容自身的真實想法，偶爾甚至拂袖而去。綜上所述，特向各位VIP，請假一週回老家休假探親。望批准！」而真有顧客在紙條上留言批准。

張貼那則告示的理髮師吳宏偉與他的太太王圓把女兒託給爺爺奶奶照顧時，女兒九個月大，而那個偏僻的村子距離株洲約五百四十公里遠。中國很多新聞媒體都報導了這個故事。

吳氏夫婦說他們難過自己錯過了女兒第一次開口說話、第一次學會走路的時刻，當初他們也沒想到出外工作一離開就這麼久。

起初一切順利，他們在城市的新生活看來也充滿希望。吳宏偉在二十四歲時離開湖南山區的寨石村，因為在那裡工作薪水極差，一天只能賺十五人民幣；後來他跟著叔叔搭客運到株洲，先在一家理髮店當個不支薪的學徒。幾年後，他在株洲安頓下來，現在的太太是他用民謠吉他自彈自唱追來的。二〇一一年，他們生下了女兒貝貝。

王圓為了照顧孩子辭去賣手機的工作，但這麼一來吳宏偉就得加倍努力，從早工作到晚上十一點才休息，貼補太太少去的那份薪水。不料艱難的考驗隨即而來，兒科醫生告訴他們貝貝必須要喝嬰兒奶粉，偏偏當時三聚氰胺毒奶粉事件剛過不久，有三百多名嬰兒因此受害，導致沒人敢購買品質不良的奶粉。他們每個月要花七百七十五人民幣，相當於一個月薪水的五分之一，才能買到好的嬰兒奶粉。如此一來，吳宏偉更不可能丟下工作回到村裡與妻女一起生活，他只得繼續留在城裡。

他們夫婦盡力與鄉下的爸媽保持聯繫，一有機會就花個十四小時搭火車、坐公車、騎摩托車回去看女兒。這個爸爸一心只想著：再多剪幾個客人，一個十五人民幣，這樣旅費和寄給爸媽的生活費就有著落了。他們每天打電話給女兒，讓她知道他們有多愛她，還把夫婦倆的照片貼在女兒房間的水泥牆壁上。王圓每天晚上聞著女兒睡衣的氣味便忍不住落淚，那睡衣是她上次從鄉下帶來的，女兒已經穿不下了。

「我們心想，至少她不必忍受在城裡生活的壓力，而且我們也只是跟大部分離開村子外出工作的父母一樣，選擇了這個解決方式。我們認為自己有辦法撐下去，這樣一切就妥當了。」王圓說。

直到有一次，他們回家看女兒卻飽受打擊。他們把貝貝一把抱在懷裡，貝貝卻邊喊奶奶邊掙脫逃走。問她爸爸媽媽是誰？小女孩飛快跑進房間，指著水泥牆上的照片，半點也沒有靠近他們的意思。此外，由於從小跟祖父母講村裡的方言，貝貝聽不懂媽媽跟她說的話。他們給她帶回好多禮物，想藉此哄她來拉近距離，誰知到了晚上，貝貝只想跟奶奶一起睡。等到她熟睡了，這對爸媽才終於能接手。

「這短短幾個小時好珍貴！」王圓說。

但對貝貝來說，「爸爸」、「媽媽」沒有半點意義，只是空洞的詞，沒有任何情感意涵。

「我真的很想讓她知道『媽媽』代表什麼。我想告訴她：『媽媽』就是生她的人，是教她說話、走路、唱歌的人。『媽媽』會看著自己的孩子長大，是世界上與她最親近的人。」王圓無限遺憾。

在那之後，吳宏偉和王圓興起把女兒帶到城裡的念頭，讓一家人長長久久住在一起。但是想到他們那位於地下室的老鼠洞、城裡的汙染、讓人疲於奔命的生活以及品質極糟的食物，他們不得不承認，讓女兒留在鄉下還是比較好。他們現在盡可能找機會把她接到城裡一起度過一些時光。夫妻倆已決定，決定等到她大一點、經濟情況好轉些後就換個適當的住處，把她接過來，永遠不分開。

「我知道這不容易，」王圓承認，「但是我不會放棄的。總有一天，我會讓她知道『媽媽』這個詞真正的意涵。」

潛入調查留守孩童

隱身在巨大的竹林裡，一邊有棉花田與玉米田環繞，另一邊是綠意盎然的山地果園梯田，此處是鄰近塘溪村的槐溪小村落。這個田園牧歌般的世外桃源，宛如中國版的海蒂村[3]，裡面八成的孩子都未與父母同住。我們在村子隨意漫步了整整兩天，沒遇過半個大人。以第一印象來說，這個小村落沒什麼可吸引遊客的特色。一群老太太拿著各色矮塑膠椅坐在雜貨店門口，一邊喝茶，一邊七嘴八舌。每次只要我們經過，她們就會停下來盯著我們，從頭到尾打量一遍。槐溪罕有旅客，而一個白皮膚的外國人絕對是稀有動物。

「這是我們第一次在這裡看到老外。」一個老太太語帶驕傲、篤定地說，她穿著一件灰色長褲，藍色布衫都磨破了。

「您打哪兒來的？」

充滿壓迫感的情境讓我不禁想惡作劇，這是唯一能夠緩和氣氛的方法。

我用開玩笑的口吻說：「我從非洲來的。」哪知她的反應比我預期的還大，這些老太太面面相覷，一臉震驚。

「你們猜猜看！」我又說。

「他長得像美國人，你們不覺得嗎？」其中一個老太太仔細觀察了我半天，圓框眼鏡都要掉到鼻尖了。

---

❸ 譯注：海蒂村（Village de Heidi）位於瑞士曼菲爾德，是根據約翰娜・施皮里（Johanna Spyri）的名著《海蒂》（*Heidi*）搭建的主角海蒂的故鄉，隱身高山林間，如詩如畫。這本小說並由日本改編為《阿爾卑斯的少女海蒂》系列動畫，台灣譯為《小天使》。

「一點也不像，他太矮了！」另一個穿花布洋裝、腳上搭配同色系粉紅卡駱馳（Crocs）仿冒鞋的老太太打斷她。

「他應該是德國人……」第三個老太太撥了撥她那染得如黑玉般的頭髮，這種顏色的染劑是中國每個社會階層的偏好。

「那還是不夠高啊。」第二個老太太又說。

「我在央視看過一則挪威報導，我可以跟你們保證他長得就是一副挪威人的樣子。」第四個老太太也加入戰局。

結果，我在這群老太太眼裡成了挪威人，儘管她們根本沒聽過這個北歐國家，單單一人在電視上看過罷了。我根本無法說服她們我是法國人——「法國人，又在開玩笑了」、「太白了」、「太高了」、「不夠浪漫呀」。而對於我所謂社會學家這個身分，她們也抱持著相當懷疑。在這方面，老太太比我更有洞察力，她們隨即揭穿了我新聞記者身分。

「啊，您是來調查留守兒童的！」第一個老太太大喊。「那您這就來對了，我們正在等下課鐘聲，要帶孩子們去吃午餐呢！」

這下子我稍微放心了，僵局已經打破，還發生了難得的中式奇蹟：老太太決定跟我們聊點真心話。中國老人一旦決定要開口，什麼漂亮的客套話都可以省了。

她說：「孫子都是我們帶大的，這可不容易啊。我今年七十了，整天都在田裡工作，只有中午來等兩個孫的時候才能休息一下。傍晚累得半死回到家，兩個小男生簡直要把我煩死了。我已經老了，沒力氣管他們做作業了。我告訴他們，這樣以後就會跟爸爸媽媽一樣去工廠工作，他們哪有在怕。更別提他們的爺爺比我還沒耐性。」

鐘聲響了，這些老太太費力地站了起來。

馬馬虎虎也是靠自己

「從一九八〇年代開始就這樣啦！」五十七歲的任紀青大聲說道，他跨坐在電動機車上，停在學校門口等孫女。

「這些被遺棄的孩子面對的現實就是這樣。當然他們會抱怨爸媽沒在身邊，但他們要是沒辦法把苦往心裡吞，人生就沒出路了。」

穿著藍白學校制服這款多數中國學校的傳統配色，他那十一歲孫女美倫綁著一條長長的辮子，可不完全同意爺爺的看法。

「只有有錢人的小孩才能跟爸爸媽媽住在一起。他們很幸運，因為他們的爸爸媽媽不用去很遠的地方工作，可以常常跟他們見面。他們很好認，因為他們穿的衣服都比較漂亮。」小女孩輕聲說著，她承認自己每星期都會因為想念爸媽，哭上好幾次。

「她爸媽每年會寄四、五千塊人民幣回家，讓我們付她的學費和伙食費，或給她買點衣服。」任紀青解釋道：「城市的花費貴多了，不管是吃住、學費、衣服，他們不可能把孩子帶著。他們沒得選啊！反正去大都市念書對美倫來說也沒什麼用，她的成績很普通，馬馬虎虎。」

「馬馬虎虎」這個中文成語，意思是中等、平庸。

身為一個專門做竹製品、家具的工匠，任紀青評語下得直白，就像中國人發狠的時候，相當不留情面。在日常生活中，大家總是善用迂迴又鄉愿的說話技巧，免得激怒對方或造成尷尬，但他們同樣有本事犀利而一針見血。

美倫頓時像落水狗般狼狽，但她其實是班上第三名，成績優秀。

「她的成績在我們這種偏鄉小學校還勉強過得去，但您可以想像，她要是到了程度比較好的學校，那根本沒得比。」任紀青說。

他也承認自己脫離學校那麼久了，無法在孫女的學業上幫什麼忙，美倫就跟班上多數同學一樣，一切靠自己。

世上最好的爸爸

穿著白球鞋的小學生一群大約十五個人，在校門口把我們團團圍住，最小的幾個從我身邊溜了過去，然後大笑跑走。他們玩的遊戲是拿我的腳當標準來衡量他們腳的大小。他們一臉困惑又驚奇，彷彿是把自己的頭跟獨角獸相比似的。最後有個小男孩問我：「每個老外的腳都這麼大嗎？你要怎麼走路啊？你應該是殘障吧！」眾人大笑。

這十五個學生裡，只有一個女孩是由父母其中一人撫養的。另一個十三歲的方姓女學生說她跟爺爺奶奶一起住，他們都超過七十歲了，不會來校門口接她。她牽著妹妹的手，免得她跟丟了。

「妹妹都是我照顧，」小方剪了個男生頭，「我爺爺奶奶有點照顧不來，他們太老了。」

她的爸媽離鄉到南方的福建省工作，她不清楚他們在做什麼、怎麼生活。每個月她會跟他們通個四、五次電話，只是短短的對話不外乎例行公事，像是功課、學校成績，或是叮嚀她要幫爺爺奶奶的忙。

小方每天早上六點起床準備早餐：一碗蔬菜麵湯。午餐由奶奶準備，她們回到家就有得吃。晚上放學以後，她會先去買點東西，再回去切洗蔬菜做晚餐。接著她一邊做家事、一邊盯著妹妹寫功課，最後才能專心寫自己的作業。她承擔的責任遠超過她的年紀，但從來不抱怨。她只說，每天晚上關了燈躺在床上時經常會掉眼淚，雖然她不太明白為什麼。

「我一年只跟爸爸媽媽見一次面。」她解釋道。

「就是新年的時候，那是每年最美的時刻。過年前的那個月，我都會因為太開心而睡不太著。我最想念的人是爸爸。我們很有默契，我跟他很親，他是世界上最好的爸爸。」

第八章

埋葬的青春

「但是只要周圍有人，我心裡積攢的話就滔滔不絕地湧出來，就像老鼠從老鼠窩跑出來一樣。」

——莫言

在北京的夢想生活

一尊顏色俗氣的塑料小雕像（南方那世界工廠中數不清的其中一家所量產，新王國時期風格的典型廉價品），端坐在這迷宮的入口。我們所在的位置是洋橋西里地下一樓，位於三環，北京市中心。一些祭品——幾個乾癟的橘子、燒完的香——供奉著財神，祂在佛教與道教中都被視為具有改善人們經濟狀況的力量。其他早已看清現實的人，把踩扁的菸蒂往祂身上丟。

這個老鼠洞的氣氛跟學生宿舍沒兩樣，滑板、滑板車或是直排輪隨便丟在大門口，裡面有四十幾個房間。走廊的天花板垂掛著曬衣繩，晾著五彩繽紛的內褲，有紅的、黃的、綠的，或印有亞洲年輕人迷戀的凱蒂貓，另外是跟北京國安足球隊服同樣顏色的T恤。

我們探了探，發現那扇門板七拼八湊的房間似乎沒鎖。

優優敲了敲門，問道：「有人嗎？」

結果沒反應。試了幾次以後，一個年輕女孩終於來應門了，她短髮亂翹，疲倦的雙眼有點腫，穿著印有「老鼠波波」的睡衣。那時是下午五點，趙夢英原本睡得正熟，而她的朋友穿著一件裙襬有蕾絲的米色連身裙，長髮梳得齊整，精神不濟地站在旁邊。她前一晚從鄉下來找趙夢英，老早就醒了但不敢去開門。她們都來自河南安陽的某個小村莊，聽完我們來訪的目的之後，兩個人臉都紅了。遲疑了半晌，我們終於獲准進入這一點八坪大小的房間。

十八歲的夢英，又自然而然地躺回她粉紅色被窩裡，她的整個房間幾乎被這張雙人床占滿了。

我們坐在床邊。夢英的同鄉一臉困惑，從剛才就一直站著不敢動，也沒講半句話。房間最裡面的牆上有一根生鏽的鐵釘，掛著兩塊溼抹布；鍋裡可見些許剩飯和乾柴的雞肉。我們眼前這位房間女主人毫不猶豫地表示：她在北京找到了她長久夢寐以求的生活。

她是北京南站一家旅館的服務生，十五歲就離開村子，離開務農的爸媽那不怎麼舒適的家。她的母親在那個村子裡住了一輩子，拉拔兩個孩子長大。而她父親當了十五年的民工，原本在中國沿海各大城市的工廠建地打零工，那一帶是中國經濟起飛時最活躍的地區。直到在安寧村的哥哥離家到江蘇當砌磚工，他才回老家種田。因為家裡少了張嘴吃飯，他父親總算可以帶著他那一點微薄積蓄回到村裡。只是，那些錢還不夠開一家他夢想已久的小雜貨店。

一開始，夢英在距離他們村子一百多公里的一個小鎮找到美妝美髮的工作，那小鎮就跟中國其他數不清的小鎮一樣死氣沉沉。儘管年紀還小，她卻很快領悟這種妥協是下下策，因為工作地點太遠，她不可能晚上回家，而那麼少的薪水也無法讓她活得有尊嚴。

她越來越嚮往民工的大遷徙。

後來她先到邯鄲市，那是一個「中等」的地級市，居民大約有一千萬人，邯鄲所在的河北省就在首都附近。

在大賣場賣了一陣子小家電之後，二〇一四年一月，她便前往北京安頓下來。

捨棄沒前途的過去

夢英住到這地下室才五個月，走路五分鐘即可抵達她工作的地方。此住處是在一個專門刊登房屋相關廣告的網站找到的，月租七百人民幣、包水電。以這等價格當然不必奢望什麼。地上瓷磚原本是白的，現在是一圈圈汙漬，並且房內到處是電線，她直接把衣架掛在電線上晾衣服。每個月她須多付熱水費六十人民幣，連Wi-Fi也是這個價——地底收不到任何手機訊號，少了網路便無法與外界聯繫。

「我在飯店是連續工作二十四個小時，從早上九點到隔天早上九點，兩天輪一次。」她娓娓道來。

「我一回家就是睡，所以這個地方簡直太完美了。這裡沒窗戶，跟墳墓沒兩樣。一開始空氣太糟，令我沒法正常呼吸，但是後來就習慣了。這兒冬天也不怎麼冷，所以我覺得沒必要住別的地方多花錢。唯一的麻煩是房東，他那人不好講話，每個月一定得準時繳房租，而且每次都會抓到我們的把柄。有一次飯店一個同事來找我，他那時有點醉了，撞壞了門，房東要我賠一百塊人民幣，但他一直沒來把門修好。」

她的老同學分心觀察起那扇歪斜的門，上頭用了紙箱和膠帶亂糊一通。她是村裡的小學老師，老實說大城市的生活不怎麼吸引她。

「我喜歡留在村子裡，雖然生活沒那麼刺激。『老鼠』的人生，那是沒前途的人生嘛！」她緊張地搓著手，脫口而出。

兩個女孩忍不住狂笑。

過了半晌，夢英補充道：「至少這裡對皮膚很好，我們不會被曬黑。臉上皮膚永遠那麼白、那麼漂亮，住在地面上的人巴不得擁有這般臉蛋呢！」

一星期有兩個晚上，星期五或星期六加上週間其中一天，夢英在卡拉ＯＫ兼差。她是「陪唱」的。每當一群男孩子到店裡開派對的時候，他們會訂大螢幕包廂，叫一堆啤酒，然後選幾個女孩陪他們唱歌，這個唱完換下一個，沒拿麥克風的就癱在沙發上抽菸。每個男孩會跟他們選的年輕女孩進行「情歌對唱」。兩份工作加起來，夢英每個月可以賺四千人民幣，付完房租、帳單和三餐開銷之後，還剩點錢可以買衣服。

「有的男生很守規矩，」夢英起身盤腿坐在床上。「有的以為找了我們陪唱，就可以對我們毛手毛腳、摸頭髮之類。但我們只是陪唱而已。我工作的KTV很正當，不提供性服務。如果那些男生跟我同年紀，有時候我會算了，讓他們吃點豆腐。可是遇到老一點的就很噁心，每次亂來的都是他們，只要稍微喝了點酒就好粗暴。他們還會羞辱老闆娘，把她當成媽媽桑，把我們當妓女。」

稍縱即逝的想望

桑拿、卡拉ＯＫ和一些理容院都是出名的賣淫場所。表面上這類特殊收費服務並不會寫在價目表上，但是遇到年輕小姐，「額外」服務是有討價還價空間的，因為她們的薪水極低，只要多個一把人民幣──加上老闆抽成默許。夢英承認她希望有個更好的未來，當她睡著、當她氣力用盡時，她總會沉溺在各種瘋狂夢境之中。

「這是有點蠢，」她恢復理智後害羞地說，眼睛垂了下來，樣子有點迷惘。

「可是當我在網路上看到一個女工變成中國最有錢的女人，身價達數十億美元的故事以後，我也想許願啊，想變成企業老闆。反正，有誰說不行？哪天我運氣好，我也可以變成中國最有錢的女人。」

夢英和她朋友忍不住又放聲大笑。這年輕女服務生既然敢坦承內心深處的妄想，赤裸裸地自我揭穿，連面子也不顧了，現在乾脆一不做二不休才能站得住腳。

她接著滔滔的說：「習主席會幫助我，叫人開一間八星級的飯店給我，然後我就發財了。所有男人會拜倒在我裙下，我就挑個最帥的嫁。然後回到村子裡，過著女王般的生活。」

中國的童話故事罕見。那些太子黨很少對「老鼠」感興趣。多少人儘管想成功，卻仍然在社會底層過一天是一天活著？無人知曉。我問夢英，依她看來，她最微小的夢想有多少實現的機會。

「百分之九十九不會實現。事實上我唯一能夠期待的，就是幾年後可以嫁個好男人，生活不要太糟，然後工作不必這麼痛苦，但薪水好很多。」

她的鄰居被零星的外語對話和聲響吸引，跑到走廊來。她穿著黃色人造絲睡衣、高䠷苗條，烏黑長髮包覆著秀氣的臉龐，這名漂亮的女學生來自海南島，中國最新一批有錢人的熱帶天堂。王夏婷，二十一歲，餐飲管理系畢業。

我很驚訝在地下室看到像她這樣有氣質的年輕女孩，優優卻見怪不怪，他念大學那幾年早就習慣很多外省來的學生會住在這首都的臟腑裡。

夏婷念北京的大學時有免費的宿舍可住，現在搬到地底六個月了，實習的四星飯店距離這裡走路約二十分鐘。

儘管有著不錯的大學學歷，她的生活仍然得緊縮地住到老鼠窩。每個月三千人民幣的薪水，其中五百元要拿來付房租。每隔一天她必須到飯店值夜班，當天就在飯店睡，這對她無疑是一大恩賜，讓她得以躲掉在那光線昏暗、水泥地黏有厚厚一層汙垢，白色肥皂泡就在上面流過的沐浴考驗；更別說煮飯的味道加上隔壁公用廚房散發的熱氣，這一切都瞬間讓洗完澡後一身潔淨的滿足感消失無蹤。

突然，一股令人難以忍受的腐臭味充塞整個空間。

「你們有沒有聞到？」我們摀住鼻子。

這臭味是怎麼回事？

「喔！您是說死老鼠的氣味喔？」夏婷做了個鬼臉反問。「大概有人沒把垃圾間的門關好。住在這裡一久，我們什麼都聞不到了。不過事實上我真受不了這個地方，根本不能呼吸。洗澡要排隊，還要確定零錢夠付熱水費，大部分的時間我都會在飯店洗澡。畢竟冬天太冷了，而且沒有自然採光又沒窗戶，我都快精神衰弱了。有些人可以住在這裡，但對我來說這裡根本不能住人。只是我還得撐五個月，等到實習結束才行。接著我就要回家，回去海南找個觀光相關的工作。」

蟻族軍團也盼看看世界

中國大約有三分之一的畢業生在畢業那年找不到工作，而且即使擁有大學文憑也無法保證薪水優渥。

根據中國國家統計局的數字，只有百分之三的年輕畢業生能找到月薪五千人民幣以上的工作，而十分之七幸運找到工作的，每個月起薪兩千人民幣，基本上跟移工差不多。二〇〇三年到二〇〇九年間，由於工廠與建築工地勞力短缺，移工的薪資增加了八成，但同時期年輕畢業生的薪資卻停滯不前。中國大學的畢業率極高，每年都有大批畢業生湧入就業市場，引發激烈的職場競爭。而儘管過去十年來中國經濟成長驚人，仍然沒有創造出足夠工作機會吸收這批通過高考且完成四或五年大學學業的年輕人，於是許多人一畢業就直接被算進失業人口。根據中國雜誌在二〇一四年初的分析報導，大約還必須創造出一千三百萬個工作機會，才能滿足這支大學生失業軍團。

中國社會學家廉思的研究指出，北京大約有十五萬的「蟻族」，這些正在找工作，或是被當成廉價勞工的大學畢業生，都住在地下坑道裡。上海也不遑多讓，整個國家多出一百萬蟻族占據在各大城市的地下室。

「很少有年輕人能夠扭轉他們的命運，」北京理工大學經濟系教授胡星斗評估道：「即使他們可以前進大都會，讓生活條件變得更好，可他們仍然屬於社會底層。不過，這個族群的優勢是他們比一般人更頑強，所以年輕的鼠族或蟻族不會是經濟發展減速之後首當其衝的那一群。」

二十二歲的天民和他二十三歲的女友小芊，幾個月前從河南來到北京，他們就屬於這個族群。天民是念理工的，能夠當個電腦工程師就很滿足了。小芊韓文系畢業，在傳播業找到了一份工作。

娃娃臉的天民說：「我本來應該可以找到跟我在鄭州念的學位相關的工作，但在北京這個電腦工程師的工作，雖然不太理想，薪水卻有三倍高。這十年來，我們年輕一代最難的就是找一份工作，老闆的要求非常高，畢竟現在人人都有文憑。隨著經濟發展，大城市的工作機會就多，偏偏老闆喜歡雇用已經有經驗的人，要找第一份工作，便得一路過關斬將。」他穿著一條藍色百慕達褲、上身打赤膊，站在公共浴室的水泥洗手槽前面搓洗衣服，木製洗衣板上都是肥皂泡。

小芊在他隔壁的洗手槽洗頭，皺眉看著我們。是她堅持要來北京的，因為她覺得河南的生活好無聊，想出來「看看世界」。他們在珠江綠洲社區地下室租了一個將近四坪大的房間，就在北京北邊的定福庄一帶，地點就靠近中國傳媒大學和北京第二外國語學院。

珠江綠洲社區共有十五棟，每一棟都藏有地底迷宮，裡面隔成六十間房。天民他們住的這一座迷宮走廊特意布置過，不僅牆上掛著典型中國山水畫，每個房間的門還精心釘上銅製門牌號碼。即使如此，他們一有機會就往外跑。兩人偶爾會在房間裡煮飯，大部分時候則到附近一家學生餐廳吃，十塊人民幣就有一大碗麵，二十塊便可以吃到一份有肉的主菜。

小芊出身河南一個小鎮，她的父母在當地開了家小超市，天民則來自某個農村，家裡是種田的。如果能在北京找到一份好工作，他們打算在北京待個五年或六年再回去鄭州，那是他們大學時相識的地方。

一胎化政策與高齡化衝擊

「如果你沒有關係，家裡又沒錢，那在北京生活就大不易。」小芊說，她看起來稍微放鬆了點。

「我爸媽很擔心我，因為我在這裡吃不好也睡不好，可其實這地下室還算乾淨，而且不算太潮溼。我們來之前就知道生活不容易，我也做了最壞的打算。跟北京比，我原本住的河南那小鎮簡直無聊死了。我要是一輩子住那裡，肯定會非常鬱悶。那裡就像六〇年代的中國，跟古時候差不多，只差在多了網路。但我們也不能一輩子待在北京，這裡房價太貴，我們根本付不起。我們現在年輕，這是挺好的經驗，可到時我們不得不離開。」

這對年輕情侶已經同居兩年，也考慮過結婚。天民打算在一年內辦完婚事，只是小芊有點猶豫是否要這麼快定下來。

「她不想受到束縛。小芊是個自由至上的人，沒人可以把她關在籠子裡。但我會耐心等下去的。」天民一臉落寞地說。

不過，他們已經說好了不要生小孩。就算一胎化政策已經放寬也不影響他們。天民和小芊就像許多跟他們同世代的年輕人一樣，信奉的是十年前中國尚未盛行的個人主義。他們認為這個國家汙染太嚴重，不適合養孩子，而且政治氛圍不穩定、生活開銷又太高。

「瞧瞧那些食安事件，我不想為了避免讓孩子中毒，把全部薪水都拿去買進口嬰兒奶粉或有機食品。」天民解釋。

每次跟中國的年輕人聊天，他們那套不想要小孩的論調總教我震驚。這樣的症候群在某些西方社會也有，但沒這麼誇張。然而我們無可避免地想到，這即是中共造成的眾多災難之一，是一胎化政策與不擇手段發展經濟所帶來的畸形影響，導致社會失衡。

中國政府從二〇一六年開始放寬了生育政策。根據新的規定，夫妻若有一人是獨生子女，就可以生兩個孩子。一胎化政策的概念從毛澤東掌權時帶入，至今實施已逾三十年，本意是為了減緩急速成長的人口。此一控制嬰兒出生率的政策過去對農民已有放寬，倘若頭一胎是女孩便可再生第二胎；此外，如果夫妻兩人皆為獨生子女，也可以生育兩個孩子。這項政策導致中國男女比例極度失衡、許多中國女人遭到暴力對待；縱使近期政策鬆綁，許多中國人，尤其是經濟學或人口統計學專家，還是極力呼籲全面廢除這條不受歡迎的法令，到底人口高齡化已然預告今後中國將會出現巨大的經濟和社會問題。

由於政策鬆綁之後並沒有達到中國當局預期的高出生率，中國雜誌媒體進行的幾次調查顯示大家已習慣只生一個孩子，而且居住空間狹小、生活費和家教費用等都讓人民不想再生第二胎。中國國家衛生和計畫生育委員會指出，在一千一百萬這項政策改革的潛在受益者當中，只有七十萬對夫妻申請生第二胎的官方許可。當局希望新生兒能夠超過兩百萬，但這數字遠遠不如預期。

掃地出門

在聚龍花園，也就是我公寓底下那群日益壯大的鼠族裡，有個叫小劉的。小劉在二十四歲時礙於父母壓力而結了婚，因為他們不希望他跟那些屌絲（就字面意義而言是「男性的陰毛」）一樣：那群魯蛇通常人生沒希望、沒老婆也沒孩子、經濟能力不佳，工作不起眼，薪水又不高。

小劉的幸福婚姻生活沒維持太久（而且他也不想要小孩），因為他跟薇佳結婚不到幾個月，就被老婆的娘家給掃地出門了。小劉出身江西，家裡務農，他爸媽的積蓄不夠替他籌備婚禮，也沒能力好好安頓小倆口的生活。

小劉坐在下鋪，身穿米色褲子、褪色牛仔襯衫和一雙老舊的球鞋。他說：「小時候，我家可是村裡頭一戶有電視的，那是我們最自豪的事。十五歲那年我爸生病了，沒法再工作，我媽也沒時間管我。我們村裡的人通常不會表達自己的感受，但有時候我媽會跟我道歉，說沒能多陪陪我。她叫我多看電視，說能看到外面發生的事情是很幸運的。等到我二十歲，我媽開始逼我去找個老婆，她說這樣才有人照顧我，因為我一個人沒辦法生活。」

小劉受不了爸媽的叨念，便跑去上海，加入人民解放軍，後來才回村子娶親。兩年解放軍的日子讓他明白他不是當軍人的料。至於讓中國人為之瘋狂的愛情電影裡的浪漫主義，則完全不曾出現在他們生活的現實裡。除了少數的例外，婚姻僅僅是某種契約，讓兩個獨立個體成為財產共有的一體。這種結合，他們稱為「過日子」，純粹是因為兩個人一塊生活比較容易。

考慮過各種選項之後，他想起了薇佳，他們從國中開始就是同學，兩人頗有話聊，感情也融洽。休假的時候，他約過她幾次，用電動腳踏車載她兜風，穿過金黃色的麥田，頭髮迎風飛揚。有一天，他說想帶她回家讓他爸媽認識認識，薇佳想了想，說「好」。如此一來他們的關係算是確認了，而兩人也認為結婚是理所當然。不過一切還說不準。依照傳統規矩，雙方父母見了面。接著便是一連串提問：「你們家有幾個男孩？」「田地有多少？」「嫁妝包含幾頭牛？」「你們女兒能不能很快懷孕？」

薇佳的爸媽基本上只在意一件事：「你們結婚前會不會先把房子蓋好？」雖然不情願，但最後薇佳爸媽總算答應先辦婚禮再蓋房子，只是中途又冒出其他條件：他們要求小劉要離開村子找工作，因為他念的是出路不錯的資訊工程，可在這小村裡絕對不會有什麼出息。

「北京、北京，你就該去北京，那邊才有出路。你要是去了北京，對大家都好——我的岳父岳母成天只會講這個。最後我只好打包上北京。」小劉恨恨地說。

當時他們還沒有小孩，他老婆到火車站給他送行，兩人自此分隔兩地，相隔十七個鐘頭的車程。那是兩年前的事了。

十七鐘頭車程的距離至今未變，將他與心愛的村莊、田野、原生地區的風土民情，和香辣重口味的飲食習慣給分開。他回去過兩次，薇佳也來北京找過他兩次。他始終沒錢蓋房子，後來受不了家人的壓力以及長期的分離，他們決定離婚。

小劉坐在床邊焦躁地抽著菸，說著自己的故事，而這在二〇一六年的中國仍屬稀鬆平常。

玻璃帷幕上的無望倒影

這間十四人房裡的十個菸灰缸都已經滿了，室友的髒衣物丟在地上，泡麵的塑膠碗和空酒瓶東倒西歪堆在角落。上鋪床邊掛著衣架，八坪大的空間拉起幾條繩子，用來掛乾淨的衣服。每個人床底下有個臉盆，以便簡單盥洗和洗衣服，房間裡充滿一股強烈的男性氣味。這間房裡住的十四個人都在該區的一家餐廳工作，三人在廚房，其他分別是洗碗工和外場人員。餐廳老闆替他們在地下室租了這間宿舍，他們一週七天進進出出，只為了工作。

我問其中一個穿著黑底豹紋T恤的年輕人：「你們餐廳東西好吃嗎？推不推薦？」

「當然！我就是主廚。」他邊回答，邊啃著大拇指上的皮。「您就過來，我們會好好招待您，保證讓您難忘。」

「那麼菜色跟你們在宿舍吃的一樣好嗎？」

他撇撇嘴算是回答了。主廚把手攤在我們面前，他的指甲全都發黑變厚。直到休假之前，我仍然沒勇氣去光顧他們的小館子。

「當然，生活不容易啊！」小劉承認，「這裡讓人鬱悶的不只是沒陽光，味道和整個空間亂七八糟、沒隱私等等都讓人沒勁，帶女孩子來多尷尬。薇佳來找我的時候就很麻煩，結果搞得她不喜歡北京，更別提來北京跟我一起住。不過，儘管有這麼多困難，我卻在北京找到另一種生活，再也沒法回鄉下住了。我們可以在這裡遇到來自四面八方的人，就算在地下室也一樣；可以接近文化、看書、看電影、看戲、去博物館，還可以跟外國人聊天。」

小劉準備離開城市的臟腑和身邊這些「吸血鬼」，進入地面世界跟活生生的人類共處。因為餐廳某位客人的緣故，他在推動佛教發展的文化協會裡找到了工作。

「這工作跟我的資訊工程背景沒什麼關聯，但是薪水夠我租一個正常的住處。我已經開始找房子了，真讓人興奮。雇用我的那個單位修復了一間古寺，讓人可以在裡頭祭拜祖先、在納骨塔買個塔位。這是替那些手段骯髒的有錢人設的啦，他們希望死後能被超渡。他們的心理負擔應該很重吧？這些個有錢人都是踩在鼠族背上成功的。他們開ＢＭＷ、奧迪或是賓士，在光鮮亮麗的玻璃帷幕大廈裡面上班，那可都是無望過好日子、悲慘地活在地底的人蓋的。」

移民海外是最後出路

儘管現況如此，但是從鄧小平以降的政權，似乎都未受到自身社會情感的召喚。成功與財富變成一種強迫症，成千上萬的中國人已準備好為此付出一切。新工作的遠景讓小劉對未來燃起希望，而他並不打算就此滿足，他還想在北京多留兩、三年，接著打算移民海外。

「我夢想住在芬蘭或美國，」他的眼神像孩子發現寶藏時閃閃發亮，「想知道那邊的生活是不是真的比這裡好。我在網路上看了不少世界各國的報導，但是因為政府的限制和操作，我們永遠不曉得在網路上看的東西究竟是真是假。有些東西看來根本就是假的。」

「比如像是什麼？」

「唔，好吧，這說起來有點荒謬。」他面露尷尬，「但是我看到澳洲人去餐廳吃飯的時候，付帳是男女分攤，以他們的高收入，怎麼可能有這種事！我覺得這資訊是錯的，只是要破壞澳洲的形象。」

當局持續對言論自由施加壓力，以至於許多中國人不曉得如何分辨真假，尤其是網路訊息；也導致他們聽任某種偏執，這偏執有時毫無意義且難以控制，還被真實事件越養越大。在中國的網絡上，只要發生任何可能對政府造成干擾的事件，被當局判定為「敏感」的訊息都會定期被清掉。如果小劉知道德國跟許多北歐國家一樣，買單時女人也會分攤，有時還會邀請男人去餐廳吃飯，肯定會吃驚不已。而我們也很難讓他相信，男人向女人搭訕在德國是十分要不得的事，因為通常是女人主動來追求男人。

第九章

民工，都會的建造者

「心理學對老鼠比對人有效。」

——查爾斯·維爾福德（Charles Willeford）

首都躍進的推手

早在帝王時代，北京外圍已築起長城與關隘，以抵禦游牧部落對這個「北邊京城」的侵襲。到了二十一世紀，北京外環道一一建起，首都觸角越伸越遠，貪得無厭地將附近的農地、荒野一網打盡。挖土機等進行土方工程的巨大機械和水泥攪拌車沒日沒夜在廊坊市周圍運作；廊坊市隸屬河北省，是位於北京和天津之間的城市。

北京七環長達九百四十公里，環繞整個北京，主要貫穿河北省，還行經清代帝王避暑山莊所在的承德市；有些路段距離北京商務中心那些摩天大廈遠達一百七十五公里。北京七環可謂現代中國大都會區的象徵指標，上頭塞滿車子。第八條快速道路已著手評估，目前的工程要一年後方可能完成。城市對鄉野的併吞，伴隨著建設狂熱與速度而來，讓人暈頭轉向。中國現代城市以其廣度與密度取得壓倒性優勢，而在加速發展好成為二十一世紀強國的過程中，中國靈魂也逐漸喪失。新的身分認同尚未真正建立，又礙於共產黨的壓制，社會無法自然發展。

中國這個世界上人口最多的國家，其高速蛻變堪稱史無前例。民工是這起躍進的螺絲釘，是付出勞力且最該被感謝的一群人，但在社會或行政系統裡都被邊緣化了。

「沒有他們，這些大都會區就不可能這麼快成形。」上海社會科學院教授周海旺如是說。

這批來自鄉村的移工使得城市多了五億人口，於經濟上則創造出加倍的效益。他們的薪資等級讓他們可以進入大眾消費體系，強烈刺激成長，直接為城市注入金源。他們大批湧入城區，帶來豐富的勞動力，造成就業市場無情的競爭，迫使薪資下降，大都會區只需要少少的成本即可成形發展。結果，如今中國有上百個人口超越百萬的大都市，且數量持續增加中。在全世界三十個符合大都會定義（即居住人口超過一千萬）的城市裡，有六個位於中國：上海（兩千五百萬）、北京（兩千一百萬）、重慶（兩千九百萬）、廣東（一千七百萬）、深圳（一千五百萬）和天津（一千四百萬）。此外還有十幾個城市，居民人口介於五百萬到一千萬之間。

光鮮亮麗的摩天大樓、超現代的機場、錯綜複雜的橋與高速公路高架聯接道，燈火通明的購物中心擠滿了迷戀高科技的年輕人，在在使得農業中國的形象日益模糊。在北京，中央商務區炫目的高樓是這個新帝國的展示櫥窗，新帝國還在尋找它的靈魂，而金錢便是其中的驅動馬達。占地四平方公里，位在朝陽區中心、三環與四環道之間的這一帶正蓬勃發展，並以中國最重要的金融中心之一自居，吸引了一百一十七家大財團和五百家金融公司、媒體與電腦科技產業，北京六成的外商公司都進駐其中。近二十年間，伴隨著房地產業的興盛與都市化的推動，在中國大都會裡，緊挨著二十世紀那些外型樸實、嚴格對稱、激似蘇聯風格的建物而蓬勃發展的，是建築樣貌上的革新。種種理想條件吸引了全世界的建築師，像是知名的尚．努維爾（Jean Nouvel）；很多不知名的年輕建築師，以他們現階段資歷在自己原本的國家無法大展身手，亦抓住中國目前的機會；還有伊拉克—英國裔的建築師札哈．哈蒂（Zaha Hadid）那優美流暢的曲面弧線，隨著各式建設急速在首都伸展開來，他們的獨特風格化為北京新的天際線。

建築美學的迷思

中國對都市的好奇心鋪天蓋地，過多的現代性超過習近平容忍的限度，他試圖將主軸拉回正統史達林式美學，呼籲停止「搞奇奇怪怪的建築」。身為毛澤東的仰慕者，以及自大躍進之後最強悍的中國領導者，這位習大大（習叔叔）無法克制全面掌控的慾望，包括左右文化產物與新興城市的外貌。他的評語在中國社群網路上引發劇烈的連鎖反應。

「有人想把同樣的審美觀強加在成千上萬的人民身上嗎？」某個微博用戶犀利指出。

習近平針對的是幾棟引起爭議的建築。首先是央視ＣＣＴＶ在北京的新總部，由荷蘭知名建築師雷姆・庫哈斯（Rem Koolhaas）操刀，這棟建築共有四十四層樓、高達兩百三十四公尺，因其外型而被市民戲稱為「大褲衩」，引來眾多諷刺挖苦的批評。當時，習近平還未發難《人民日報》即大幅報導呼應輿論，然而《人民日報》自己正在蓋的新大樓，活像是一座高塔戴著奇怪的帽子，其輪廓被大眾一致認為是根「陽具」，網民紛紛在社群網站上譏笑熱議，以致網路審查員有一陣子刪除了相關討論。

房地產開發商並沒有被「中國排名第一」之類的稱號唬住，中央商務區持續擴展著。China World國貿商城的第三座大廈，高達三百三十公尺，共有八十一層樓、三十座電梯，它閃耀著銀色光澤，俯視底下的區域。這裡有北京最高的酒吧「雲・酷」，位於八十樓，三百種雞尾酒任君選擇，佐以絕佳視野：遠眺天安門廣場，共產黨政權核心，以及圍繞著首都的群山。

繁華的三里屯距離中央商務區極近，地產商「ＳＯＨＯ中國」的銀色塔樓群與藍天互相映襯，閃閃發光。約莫數十名工人們把黃色安全帽揣在懷裡，享受太陽下山前最後的日光與藍天，身在一個一年裡有超過一半以上時間籠罩在霧霾汙染裡的城市，這是難得的奢侈。傍晚六點鐘，滿面風霜的民工準備到工地食堂用餐，他們漫長的一天才剛剛結束。這群人參與的是一座高達一百五十公尺的新興摩天大樓建案，裡面將會有國際豪華飯店及商業畫廊進駐。湖南省會長沙市，也是毛澤東求學並接觸到共產主義的地方，在這兒，中國已經展示他們有辦法於十九天內，動員一萬兩千名工人蓋出一座五十七層樓高的大廈。

都會大城游擊手

我從位於三里屯的辦公室裡，引頸企盼觀察這座新的帆型玻璃摩天大樓的工程進度。打從二〇一三年九月抵達北京之後，我就很喜歡透過窗戶，親眼看著大樓從無到有在我面前生成，這般風景如同這個國家經濟瘋狂成長的度量衡。然而，因為中國經濟成長「掉到」七個百分點，這起工程我已經看了三年了。由一百多名工人組成的幾個團隊，夜以繼日輪班趕工，終於接近尾聲——除非又有新的施工缺陷再度導致進度落後。

上個月，我發現工人用幾天的時間把他們花了好幾個星期才固定好的玻璃牆面給拆了下來……因為招牌的方向錯了。但總之，比起柏林新建的勃蘭登堡國際機場因為防火措施不合格而一延再延，讓我等了半天還是錯過啟用儀式，這沒什麼大不了。在建築這個領域，中國人的能力實比德國人強，是規劃與組織的佼佼者。

這些被雇來興建國際飯店的工人，都是「高檔」民工。雇主對他們照顧有加，讓他們住在有陽台的舒適工地木板屋，用預製構件蓋成的，就位於三里屯ＳＯＨＯ建築群與工人體育館之間。

因為知道自己很幸運，所以他們不太敢談論他們的工作條件。

「當然我們所有人都知道，可以在這種工地打工是多麼幸運。這是我第一份工作，這兩個月來，我每天從早上八點工作到下午六點，起薪是五千人民幣。條件算是很不錯的，住的、吃的都挺像樣，我還裝了空調。我知道我還要在這待六個月，之後就看公司把我調到哪個工地，可能仍在北京，或是到深圳、廣東。無所謂啊，我哪兒都能去，我想要探索這個世界。」其中一人說。他今年二十一歲，剛從甘肅來。

這個雙頰紅紅、娃娃臉的年輕民工還沒受到繁重工作的荼毒，他的同伴給他取了個親切的外號，叫「包子」。他跟隨的是父親的腳步。他父親在中國各大城市的工地來去，工作了二十年，後來回到甘肅老家，開了一家雜貨店。父親原本受雇於一家建築和公共工程業大集團，後來離職回老家和妻子相聚時，把自己的兒子引薦給老東家——在中國底層也一樣，好差事總是透過關係轉讓的。

有一些在這個公司工作好幾年的工人，鬆口承認他們有點厭倦了。木板屋儘管舒服，然這種在工地之間的游牧生活對精神不啻是一種耗損。一整年與家人分隔兩地，飽受心靈寂寞的侵蝕。他們每天都得工作，而且晚上常常要加班。

數位抗爭新風潮

源於二十世紀爭鬥而來的二十一世紀之社會衝突，擾動著中華人民共和國：貧窮、落後的工作條件、腐敗的經營管理。

總部位於香港的《中國勞工通訊》指出，八成以上受雇於建築工程的移工都沒有簽署合約，而在某些城市像是重慶、鄭州或武漢，未簽約的比例超過九成。大部分簽署合約的工人並沒有拿到合約副本，以致出現糾紛時無法拿來比對。這些工人經常受傷，但是他們皆受限於這個行業別的潛規則。因此當他們遇到工傷意外時，很多人只能拿到微薄的賠償或是不值一提的津貼：八成的民工都被迫在法庭外私下和解，拿到的賠償金大概只有走正常法律程序的五分之一。條件較差的工人（特別是五十五歲以上）也是較容易受傷、卻不得不接下較高風險工作的一群。我們經常看到這些「爺爺」懸在半空，僅踩著綁在老舊繩索上的一塊簡易木板，為那些令人眩暈的摩天大樓清洗牆面。有些人因為繩索太舊不堪負重而送命，但面對他們那留在農村無力謀生的遺孀，雇主往往以工人自己沒綁好安全帶為由，連一點點賠償金都不願意付。

抗爭的情況越見普遍。根據《中國勞工通訊》的統計，二〇一四年共有一千三百七十九件社會衝突事件，抗議的數量在三年內增長了三倍。由於中國有六億五千萬的上網人口，網路發展在「數位抗爭」上扮演了吃重的角色，他們會上網揭發那些受共產黨貪腐地方官員包庇的惡質雇主。

有一個網站則專門檢舉黨同志戴的昂貴名錶，其中極具象徵意義的一個事件，便是「錶哥」，他原本是陝西安監局長，因為炫耀價值他好幾年薪水的名錶，遂被中國網民盯上。陝西紀委會專門打擊貪腐的單位的調查員，發現月薪是七萬八千人民幣左右的他，名下有棟價值約四百八十幾萬人民幣的房子。最後他被判處有期徒刑十四年。

「數位抗爭」或許有時能夠成功將腐敗的中共幹部拉下台，卻罕能促成工作條件的改善。

逃離汙染

阿健二〇〇五年從河南來到北京，在北京工地已經工作十年了。最初幾年，他住在雇主幫他們租的地下室裡，就在工地附近。二〇一〇年家人前來跟他團聚後，他便在市中心的地底租了個四坪半的房間。後來他太太應徵上地下室管理員，於是他們得以住在入口的「小間」，附有一扇氣窗，還多出個一坪半的小空間。他們的女兒就在這個小空間盯著電視，被大量的中國卡通餵養長大。他們節省下來的房租就算是收入；阿健任工頭的工資讓他每個月可以拿到八千人民幣。

「多虧這扇小窗戶，我們才有新鮮空氣，這對我女兒的健康很好。」他邊說邊摳掉黏在格子襯衫上乾掉的飯粒，「她白天都在幼稚園，只有晚上和週末會回來這裡。」

阿健判斷女兒健康的標準跟住在地面的人差距頗大，地面居民糾結的可是空氣汙染以及如何避開汙染。北京人都戴著口罩、備有空氣清淨機來保護他們的肺和支氣管。阿健蓋的辦公大樓和住宅都裝設有空調過濾系統。一年裡有三分之二的時間，北京細懸浮微粒的密度遠超過世界衛生組織的標準。最近的一起「空氣末日」發生在二〇一五年一月，根據美國駐華大使館的檢測數據，北京空氣中最危險的細懸浮微粒（PM2.5）密度高達每立方公尺六百七十一微克，比世界衛生組織對二十四小時短期暴露的建議值上限高出了二十七倍。豌豆泥般的汙染物籠罩北京上空，民眾連白天開車時也必須開大燈，摩天大樓隱沒在霧團之中，燃煤、化學物的氣味充塞鼻間。

我兒子安東尼熱愛運動，但是放學後或週末時卻不得不關在家裡，看著窗外打發時間；呼吸著由空氣清淨機濾過的空氣，厭煩地查看濾網上的棉絮。公路自行車只能掛在房間裡，他哪兒也不能去。阿健的女兒只能呼吸有毒的空氣，這一定會讓她短少好幾年的壽命。

為了供應其經濟發展，中國消耗了全世界半數的煤炭，且全國有七成能源來自於燃煤。空氣汙染已成為中國人憤怒不滿的重點議題，他們不願再忍受令人窒息的空氣，眼睜睜看著都市的肺癌人口爆量。

阿健今年四十歲，他在河南受過土木工程教育與實習。因為家鄉的工作太不穩定、薪水太低，使他離鄉前來北京，投入著名的長安街上的建築工程。長安街東西橫跨北京，長達三十公里，穿過中國權力的中樞神經：天安門廣場與紫禁城。

「能夠參與這麼重要的工程是莫大的榮幸！」這個魁梧、滿嘴金屬假牙的男人高興地說：「我很幸運可以活在這個年代，因為到處都要蓋房子，到處是工地。我們不缺工作，而且可以一起打造未來的中國。我希望我們國家繼續穩定、順利發展，這是我們最重視的事。」

阿健的五歲女兒目前讀幼稚園，一年後就會碰到小學註冊這個敏感問題。由於沒有北京戶口，阿健跟所有住在首都的民工一樣，缺了替他女兒在公立小學註冊的必備文件，而私立學校又超過他的能力所能負荷。

「明年我們就必須把她送回鄉下，給我爸媽照顧，」他露出閃著銀光的苦笑。

「但是我覺得他們太老了，沒法照顧她。到時我可能得跟我老婆分開，讓她陪孩子一起回去。真是不公平，在北京我們原本可以有個美好的未來，這麼多的機會。但是我們一家人卻不能住在一起，只因為沒有北京戶口，連帶我沒法有社會保險、孩子沒學校可讀，也享受不到便宜的醫療。在這兒工作的民工對北京這城市的貢獻，比那些生在這裡的北京人要多很多哪！我們對城市付出這麼多，卻沒有得到半點回報。」

身為二等公民，阿健只好自我安慰告訴自己，妻女回鄉下以後生活環境比較好，有益身體健康。

「總有一天我也會回鄉下，逃離這些汙染。」他肯定地說。

地下老闆

在北京大學社會系教授盧暉臨眼中，中國三十幾年來都依賴著這些廉價勞工，但卻沒給他們任何回饋，這樣的機制已經到達極限了。

他直言道：「人不在國家的考慮範圍，目前為這個國家犧牲奉獻的已經是民工第二代了，所有人都知道這樣的機制不可能再撐多久。民工想和家人在城裡打造自己的人生，然而這對他們來說不可能，因為有太多太多阻礙。這是必須盡快解決的衝突。他們的夢想、他們生存的現實，與政府訂定的規則差距太大了。民工第二代已經有更為強烈的主張，他們想留在城市裡。」

朝陽門一帶的銀河ＳＯＨＯ由知名建築師札哈・哈蒂操刀，是北京最具設計感的商業中心。

小趙身著他汙斑點點的藍色工作服、戴著工地安全帽在那裡等我們。傍晚六點，他才剛結束一整天在十四層高的大樓裡安裝電梯的工作。小趙個子矮，瘦弱但敏感，眼神狡黠，他斷言這肯定是頂級豪華辦公室。

「十四層樓而已，他們就裝了十部電梯。而且那些電梯都是日本製的，非常昂貴。」小趙說。他帶領的是由十二個專業技師組成的團隊。

他的老闆把他安置在老鼠窩裡，位於某幢大廈的地下二樓，地點絕佳，就在這個發展蓬勃的首都中心一帶。他所居住的迷宮儼似一艘潛艇，要抵達他的房間必須穿過狹窄的腸道，藍白相間的牆、慘白的日光燈，以及兩道厚重的鐵門。他一打開房門，濃厚的蒸氣便湧出，小趙忙不迭把我們推進去，他兩個室友已經在裡面了。

「快進去，他們正在做飯，」他指指電炒鍋，兩個室友正把一些動物內臟、蔬菜、辣椒往裡面丟。「要是被地下老闆抓到，他又要罰我們錢了。」

「罰錢？他是替市政府，還是替這個地方的地主罰你？」我們天真問道。

「您在中國住多久了？」小趙打趣地反問，頭上仍戴著工地安全帽。

「您還不知道這裡是怎麼辦事的嗎？您有沒有看到入口玻璃門裡面那個傢伙，負責監視來來去去的人的那個，他算是舍監、管理員。我們都叫他『老闆』。如果大夥正在煮飯時被他逮個正著，我們就塞張鈔票給他，兩百到五百人民幣之間，看他心情。他收了錢，就不會向房東舉發我們，我們呢，也不會因為違反住宿規定被趕出去。在中國什麼都要靠賄賂。工作要升遷，就給錢巴結上司。要是犯了什麼錯，塞紅包就可以解決。有錢人用錢讓他們的小孩在學校拿到好成績，之後進好學校，然後再動用**關係**、金錢來讓孩子找到好工作。」

和尚般的生活

小趙二十三歲離開家鄉，他的故鄉位於江蘇沿海，爸媽都是農民，種植高粱為生。其他農民的小孩傾向離開鄉下到附近地區的工廠工作，那裡也是中國重要的工廠重地之一。但是他不同，他有更大的野心。

「工廠的薪水太低了，」他喝了一口水，幫手機充電（電線整個裸露在外），「那薪水只夠維生，根本存不了錢。我不想再過那種日子。」

小趙去上了裝設電梯的專業課程，在二〇〇〇年抵達北京並找到工作。他在北京待到二〇〇八年，然後去了深圳——鄧小平推行經濟開放改革時的搖籃，位於廣東省珠江三角洲東岸。小趙認為房地產的榮景在這個與香港遙遙相望的大城市會更為蓬勃。但是他沒有撐下來，反而在世界工廠的中心，被捲進瘋狂而完全不受控的都市發展裡。

「在深圳，工人都住在工廠附近，老闆會一直派工，讓大家做到死。我們晚上都睡沒幾小時，一週七天苦幹實幹從沒休息。當然主事者打的算盤都一樣，他們讓工地夜以繼日地運轉，工程進度便會加快。只是老是缺人，所以他們會施壓叫人去補。久而久之，最後我們連工作也沒法做好。我待滿兩年就跑到濟南去了，在山東省，但是那裡工作不多。於是，當朋友給我介紹了個北京的工作，我抓住機會就來了。」

身為十二個工程師的小隊長，小趙從早上七點工作到傍晚六點，星期一到星期日連做七天，月薪八千人民幣。下班後，這些人回到屬於他們的地下室，宿舍是五人一間。小趙睡的是雙人大床，靠近房間右邊最裡面，牆上遍布豐滿紅唇與數不清的美腿，是他用口紅與絲襪廣告拼湊而成的海報牆。兩條曬衣繩一端綁在沿著天花板延伸的管子上，一端繫在上鋪鐵床邊。晾著幾件內褲、幾雙襪子與汗衫。每個人有自己的床邊小桌。桌上的菸灰缸堆滿菸屁股，還有一整條中國香菸、水壺、手機和充電器。房間裡沒電視也沒櫃子。他們都沒有半件「外出」服：沒有襯衫、沒有長褲，也沒有休閒鞋或球鞋。

我既感到欽佩又有些遺憾地說：「你們在這的生活跟和尚沒兩樣！」

「不完全是，」他糾正我，「比道教道士或佛教和尚都來得悲慘，我們全都屬於社會最底層。我們是可以買台電視，但是我們每兩個月就搬一次，買電視來做啥？一開始我東西比較多，但是我受夠了每次換工地都要拖著一堆東西移動。所有工人的生活都是這樣。要看新聞，我就到花園裡去，用手機偷連地面人家的無線網路。這樣我還可以跟我老婆或是兒子連線聊天或視訊，我老婆會傳家鄉的照片給我。如果我們想要找點樂子，就會去卡拉ＯＫ。不過我一年不會去超過三次，因為我不愛喝酒，況且那很花錢。」

渴望另一種生活

小趙的太太和十一歲兒子住在鄉下，但他太太從早到晚都在一家紡織廠苦命工作，沒時間顧小孩，所以還是由爺爺奶奶照顧。小趙一年會回去三次，一次都待個十天。在同伴面前，他有點難為情、囁嚅地向我們勉強承認自己有點寂寞。

他其中一個同伴躺在床上，上身打赤膊，只穿一條內褲，專注聽著我們的對話，菸一支抽過一支，說是「為了趕蚊子」。另外兩人則在房間裡東跑西跳打蚊子，每打中一隻就輕聲歡呼，露出滿意的笑容。

「但是你會固定跟你兒子聊天不是嗎？」躺在床上的同伴插嘴。

「我有很多話想跟他說。」小趙坦白。

「但是他只肯講個幾秒，回答我是或不是，大部分的時間他不肯接過電話跟我講話。事實就是：我拋棄了他。這孩子的成長過程裡沒有我這爸爸，我對他來說就是個陌生人。我爸媽都太老了，他們管不住他，他非常調皮。我老婆和兒子一年會來找我一次，夏天的時候。我帶他們去逛天安門廣場、紫禁城、長城、博物館，還有胡同。但他們只能待一個星期，因為我們只能住在旅館，而且我還得請假陪他們。」

小趙夢想著另一種生活，就是回到村子裡，陪他的兒子、跟他分享各種經驗。他不喜歡當個大城市裡沒有名字、沒有靈魂的人，他喜歡鄉下，村子裡大家都認識，碰到了會聊聊天，也會互相幫助。話鋒一轉，身為明日中國的建造者，經過中央商務區那三十層樓高的大廈時，他倒是相當自豪裡面的電梯是他裝的。

「我確實錯過了與家人相處最美好的時光。」他滑動手機看著老婆、兒子還有家鄉的照片。他那短髮而面容姣好的太太總是不笑；兒子永遠是一副拗脾氣不想被拍照的態勢，因為他有其他更想做的事。

「這就好像有人把他們從我身邊搶走一樣，但是我別無選擇。這很不公平。我至少得存到五十萬人民幣，才能幫我兒子娶老婆。這還只是蓋房子的錢而已，還不包括婚宴的費用。北京的薪水較好，偏偏消費也高，到頭來我存的只是些零頭。在我們村子附近的城鎮，我找不到這類安裝電梯的工作，大概只能做點不需技術門檻的活兒，然後薪水還比不上當地隨便一家工廠的工人。當然，國家經濟發展，我也受惠。二〇〇二年我每天頂多賺個二十人民幣，後來每年薪水都有增加。只不過老闆的要求和工作量也增加了。我們這些民工在經濟發展裡只得到一丁點好處，真正的贏家是老闆。還有那些有錢人，我們薪水停滯沒漲的時候，他們卻是越來越富有。我對孩子的未來沒有太多期待，因為社會階層在這個國家是不會流動的，凡事都要靠關係、要送紅包。」

經濟成長須兼顧社會公義

話說回來，小趙也不相信民工會造反。經過了十五年，這些在大城市裡埋頭苦幹到油盡燈枯的人，腦袋裡只存一個念頭，那就是回鄉。但是很少有人能夠在五十五歲或六十歲之前成功離開。而且鄉下還有近數百萬人幾乎都活在貧困之中，夢想接替他們的位置。因為這些穿著漂亮衣服、拿著最新手機，回鄉蓋了房子、買了車子的民工，是他們眼中的有錢人。

「在中國成為世界第一經濟強國之前……這不過是個時間問題。」盧暉臨教授分析道。

「但是如果我們不把民工的問題解決，就別談什麼永續發展。他們的生活條件沒獲改善，他們就不會有消費能力，所謂的持續成長將只是一種假象。中國必須帶領人民從世界工廠蛻變為世界研發實驗室，以確保長久的昌盛繁榮。要達成這樣的目標必須依賴擁有高端技術的工人，像德國那樣。然而雇主並不鼓勵民工努力成為技術工人，也沒有給予他們任何權利。經濟成長的終極目標是為了讓更多人的生活更美好，進而發展為一個現代社會。但是我們注意到的是發展對環境造成越來越多負面影響，沒有解決之道就會產生社會問題，而少了社會正義，榮景就無法永續。」

長年與家人分隔兩地，快四十歲的小趙渴望回到鄉下。這個願望越來越迫切。他的太太懷孕三個月了，這是第二胎。小趙還不知道孩子是男是女，但這將會決定他接下來的生活，他在佛祖面前燒著紙錢，試圖想要讓人生改道。

「我很高興又要當爸爸了，可我只能祈禱第二胎是女孩。如果又是個兒子，那等於要我萬劫不復。我得工作到死，才能籌得出第二份五十萬人民幣的聘金。雖說如此，但我早認清了現實，窮人只會更窮，而且比較容易生男的。」

第十章

鼠窩住一宿

探索不盡的中國

當我還是十幾歲的青少年時，每次朋友邀請我到他們家參加過夜派對，總會令我感到十分焦慮。尤其我成長時期有一段時間在美國，這種互相邀約的風氣又來得比法國早，幾乎每個週末都會接到Sleepovers[1]的過夜邀請函。當年，我愛吃的食物大概五根手指頭數得出來，而朋友的爸媽精心準備的菜色只會讓我冷汗直流。

如今到國外進行採訪報導，這種拘束感仍會在我一個人剛進入旅館房間時，悄悄蔓延。我對如此直接的生理性反應毫無招架之力，不管去的是戰地國家或是在德國追蹤報導選舉新聞皆如此。但此刻混雜著興奮的恐懼卻是初體驗。

今天早上我在聚龍花園遇到老鄭，他叫住我：「就今晚吧，我老婆要回鄉下幾天，因為她媽媽病了。我岳母年紀大了，大概快不行了。她的床空著，剛好給你睡。」

晚上我原本跟兩位朋友有約，他們跟我一樣都是七月還孤零零留在北京的外國人，我們訂了北京老城區胡同的一家義大利餐廳，靠近鼓鐘樓，從前帝王時代擊鼓報時的地方。一想到那火候精準的手工現做義大利麵、搭配貴族葡萄酒Vino Nobile，再來點義大

[1] 譯注：Sleepovers是美國小孩邀請朋友到家裡過夜狂歡的聚會。

利進口的乳酪盤，我早已口水直流。小餐館的露天座會點上蠟燭，前面就是小巷弄，可以一睹北京傳統生活樣貌——遠離了那些毫無個性、一點一滴切截人與人彼此社會聯結的水泥大廈，如此場景在首都幾個得天獨厚的地點被保存了下來。電動三輪車一聲響鈴，劃開夜晚微溼的熱氣。打赤膊的老爺爺在外頭抽菸乘涼著，老奶奶正把孫子帶出來到路邊尿尿。我們跟他們交換了幾個友善的眼神，七零八落聊個幾句，在這一晚結束前，感覺我們也多少參與、融入了中國，而這一切都愉悅地建立在我們的歐式享受上。

回家路上，當騎著腳踏車穿越胡同時，我和我太太蕾提西亞很少能抗拒沿途迷你北京小館子的誘惑，我們會停下來再喝最後一杯。狹小空間拉近了人與人之間的距離。不到幾分鐘，裡面的中國顧客就會跑來找我們用手機自拍，話匣子也隨之打開，破中文、英文統統上，想到什麼說什麼，百無禁忌，不時惹來一陣笑。信心滿滿的夢想也好、破滅的希望也罷，手裡一杯北京招牌燕京啤酒，眾人同歡。離開時，我們便以為多理解了中國人一點。回程，我們安靜騎著，彷彿想封存這連串的神奇片刻……因為隔日醒來，我將再度被掛在辦公室牆上那張中國地圖所震懾。中國是這麼無邊無際、多元龐雜，儘管表面是由共產主義的模子塑造而成的整齊劃一，實則怎麼也探索不盡。想要了解中國，理當窮極一生。

坐困愁城全是自己找

現在我是自投羅網，將在陰暗的地下室裡依賴手機的翻譯ＡＰＰ度過一夜。我已經可以預見自己睡在尿騷味、霉味和咳痰清嗓的聲響裡，而這地方就在距離我的床咫尺之遙。

說到底，儘管為期不長，但也許我並不適合做這類深入報導，因為我缺乏進行這項調查必備之自我犧牲的特質。但我已經涉入太深，也接受了邀請——雖然有點勉強。我到中國超市買了一瓶白乾，很烈的高粱酒。我挑的是中價位的酒，免得跟他們這些住在地底的人平日習慣喝的酒差距太大。我拿了一個輕便背包，放入白乾跟一瓶一公升的礦泉水、小手電筒和拖鞋、盥洗用具，因為到時一定有得去上廁所、梳洗的時候。

老鄭跟我約傍晚六點。

我跟他在第七棟碰頭。今天電梯壞了，我們得走陰暗無光的樓梯。抵達地下二樓時，我又看到那慘白的燈光、爬滿蟑螂的昏暗角落，還有令人窒息的氣味。老鄭已經很習慣這樣的生活環境，一派爽朗。空蕩蕩的曬衣繩加重了陰森的意味。地底居民的衣服都不見了，幾近荒涼的腸道毫無生氣，日光燈管輕微的爆裂聲讓地底顯得更寂靜。

工人體育館附近酒吧的清潔女工宿舍空無一人。她們就這樣突然消失了，沒人知道究竟是老闆替她們找到另一個更好的住處，還是她們全部被解雇了。附近工地那些滿臉汙黑的民工也打包離開，工程結束了。他們已搬到城市其他地方，或者搞不好去了中國的另一端。淒涼的氣氛籠罩著地下室，除了社區員工之外沒半個人。不變的是令人作嘔的屎臭和刺鼻的阿摩尼亞味道。放好背包之後，我先在房間裡等待，老鄭還得去幫社區一對有錢中國夫婦遛狗。

一個人坐在上鋪，僅有的一盞小燈散發著微微黃光，懷疑與失望將我淹沒。我期待和地底居民建立更深刻的關係、觀察他們的習慣，希望對他們的生活有更多的了解，但是這個晚上我卻陷入幾近荒涼的迷宮之中。

失落

老鄭回來後把我帶往廚房，他同寢的室友正在準備晚餐。幾個月以來，他們已經習慣看到我在地底閒晃，對於我的出現幾乎是無動於衷。我還記得第一次到他們廚房時的熱鬧氣氛，當時是中國新年。熱情歡迎是當初我闖進這裡時他們的本能反應，如今已然散去不復以往。老鄭開了一瓶青島啤酒，倒入杯子裡，我們隨即舉杯一口乾掉。

我坐在一張很小的椅子上，他把菠菜、香菇切洗之後丟進炒鍋，裡面有雞肉和花生米，很快就熟了，接著他加了點醋。我們移駕塑膠桌前準備開動時，他室友已經吃飽跟我們說再見了。我們又乾了一小杯啤酒，開吃。我的東道主以碗就口，用筷子大口扒著飯菜，吃得唏哩呼嚕。工作了一整天筋疲力盡，老鄭沒怎麼說話。我們有一搭沒一搭聊著他的手藝或這狹小的地下室。

我後悔沒把優優一起帶來，他一定知道怎麼讓氣氛活絡起來，流利的中文也可以讓我們真正聊點什麼。在地底，少了我公寓裡那些裝飾和娛樂，我們之間的交流比上一回晚餐時更快達到極限。中國人通常一開始就喝起烈酒，但我的做法相反，我等到吃飽了才拿出高粱。我們以友情之名乾了好幾杯，接著開始收拾、洗碗，接著回到房間去。

我想我帶高粱來是個錯誤。回到房間時，老鄭的室友已先熄燈就寢，而我整個人被高粱吸乾了。因為實在太渴，我幾乎喝掉一公升的水。我知道這個晚上自己一定還會很渴，同時免不了跑廁所。我帶著小手電筒睡在上鋪，只要輕微動作，彈簧就吱吱作響。老鄭跟我道晚安之後便關了燈。被潮溼且黏膩的熱氣包圍著，我一動也不敢動。我們很快睡著了。

口渴和高粱的後勁使我的頭像脈搏一脹一縮抽痛著，凌晨三點就醒來。我打開小手電筒，用手遮住光源免得太亮，找到幾乎被我喝光的礦泉水瓶，根本解不了渴。我攀著搖搖晃晃的床杆下床去上廁所，在隔間裡屏住呼吸對抗周遭的惡臭攻擊。難以克制的噁心感讓我出來時險些撐不住。

我再也無法入睡。巨大的鼾聲響徹整個房間，我失眠到清晨，想像著在幾公尺高的地方等著我的浴室、床鋪和冰可樂。

五點半，老鄭的鬧鐘解救了我。我藉口說頭痛得回家吃點阿斯匹靈，免去了蒜片拌麵的早餐考驗。這次的體驗算是失敗了，我有點尷尬地和老鄭說再見。他沒有露出半點異樣，照常展現他親切的笑容，跟我握手道別。

回到舒適的公寓裡，我再度呼吸到空調送出的新鮮空氣。好好洗了個澡之後，看著眼前香醇的咖啡，我才敢承認逃離那令人焦慮的世界著實讓我鬆了一口氣。

多數居民的消失令我失望，因為地底是有了他們才生氣蓬勃；當然，清晨的臨陣脫逃也讓我對自己不滿。就算我知道老鄭早晨簡單的盥洗沒什麼好觀察、早餐也沒什麼好讓人興奮期待。

我原本總算向前邁進一步，讓鼠族的世界接受我，但這場經歷就這樣戛然而止。

第十一章

鼠族裡稱王

景公問於晏子曰：「治國何患？」晏子對曰：「患夫社鼠。……夫社，束木而塗之，鼠因往託焉。熏之則恐燒其木，灌之則恐敗其塗，此鼠所以不可得殺者，以社故也。夫國亦有焉，人主左右是也。內則蔽善惡於君上，外則賣權重於百姓，不誅之則亂，誅之則為人主所案據，腹而有之。此亦國之社鼠也。」

——《晏子春秋》

絕不准貶低中國

她身上的棉質運動衣是吊鐘海棠的粉紅，地面住戶最流行的款式，還搭配同色系的塑膠拖鞋與指甲油。

這裡靠近中國傳媒大學和北京第二外國語學院，是定福庄的珠江綠洲複合住宅區，我們原本躲在地下室的公共浴室，想藉機跟年輕住戶攀談。而她終於願意跟我們聊一聊了，這要歸功於無所不在的監視攝影機。這座地底迷宮由六十個房間組成，房東就是她。腿短豐滿但是結實敏捷，有著農民的強韌，她朝我們衝了過來。

「這裡歸我管，」她聲明，樣子像是氣質欠佳的芭比娃娃。「——第一，這裡禁止與房客交談。」

「是朋友邀我們來的。他們不能有訪客嗎？」我說，即使我知道再多爭辯也無法改變她的看法。她早就打定主意要把我們轟出去。

「我是女王，這裡我說了算，」她大聲威嚇，燙得跟瑪麗皇后的假髮一樣尊貴的髮型微微晃動。「你們淨會拿一堆問題糾纏房客。這裡一切都得經過我，如果你們要拜訪他們，必須先取得我的同意。但是現在來不及了，反正我不答應，這是被禁止的。」

「誰禁止的，為什麼？」

「當地政府禁止外國人參觀地下租房或跟房客講話，」女王發怒了，「這會影響我們國家的形象。住在這裡的人不滿意這種生活條件，但是他們別無選擇，因為外頭他們也住不起。這不是個好辦法，但是可以解決所有人的問題。至於你們呢，你們外國人就只想抹黑我們、想貶低中國。」

「這是個既有的事實，我們不過想進一步了解。」

「馬上給我滾出去！」她大吼，一邊把我們推向出口的樓梯。「沿著原路給我出去，你們知道怎麼走。這裡不歡迎你們。回去你們國家挖自己的瘡疤，別來煩我們。」

就像很多西方人一樣，我在無意識中被幻覺催眠了，以為全球化、購買Made in China產品，替世界工廠創造了無數的就業機會，便理當擁有某種模糊的觀看權利。但當我意識到自己是個偷窺者時，這些幻覺即隨之逸散。「女王」當著我們的面，狠狠關上鐵門，只留下震耳欲聾的餘響。她所屬的階級自成一派，也就是「地下室租戶」這一派；她有著豐厚收入，卻仍繼續住在城市臟腑裡管理出租業務並監視、確保其租戶遵守規則，稍有半點逾越即馬上開罰，再添一筆收入。

無論承租的規模大小，這些在鼠族裡稱王稱后的人是我們調查過程中最主要的障礙。他們擔心只要一點負面宣傳便會導致他們的地盤遭到「官方查封」，於是無不小心翼翼維護他們這不怎麼光彩的事業。

地下空間改造計畫遇詐

藉由某位建築師的引介，「房東」劉清願意跟我們透露一點地下室的出租細節。他穿著一件義大利刷白牛仔褲、黑色T恤外面罩著北京足球隊的黃綠隊服，說自己在北京市中心花家地的地下室承租了三十間房。這些房間平均月租落在七百人民幣，所以他每年會有大約二十五萬二千人民幣的進帳，另外要扣掉繳給當地政府兩萬五千人民幣的地底開發權跟一些維護費用。劉清住在花家地的地下室六年了，他每天的生活就是抽菸、上網，隨時注意監視螢幕的動靜。此外他也會定時巡視，確保住戶沒有違規，或最好能把他們抓個正著。不過他那雙醫院白拖鞋發出的聲響還算好認，「老鼠」一聽到腳步聲便會有所警覺。

「我當然必須住在這裡，」他一臉輕蔑，「不然我還得雇一個管理員，那這筆生意就划不來了。」

年輕的建築師周子書，在花家地實現了一起改造計畫，目的是改善北京地下室的居住空間。這項計畫之所以付諸執行，須歸功於出身鼠族之成功人士的捐款。周子書的團隊重新粉刷地下室的走廊、房間，安裝新的通風系統，採用木製家具，還設置一間電影放映室，另有個交誼廳，用來籌辦地面與地底居民的交流活動。幾個月後我們再度回到花家地想參加交流活動時，卻發現大門深鎖。門上貼了一張蓋有民防局印章的告示，說明基於安全理由必須關閉地下室。

周子書非常難過地說：「劉清根本是個騙子，我們簽了兩年的約，但當時他早就沒有出租許可了。這處地下室原本可以作為整個北京的改造範本，現在什麼都沒了。他拿了錢捲鋪蓋跑了，我也不曉得去哪裡找他。」

經營地底王國的難處

為了保護首都免於蘇聯無預警的轟炸，一九六〇年代政府規定每棟新建築都必須設置防空洞。這些空間屬於國有，由民防局管轄，只要付租金，政府即發放商業開發許可證。但是近期這幾個月以來，官方下令關閉十來處最為老舊危險的地底空間。當局特別著重的是通風系統、電路，以及防洪機制（擁有密閉金屬門的潛艇閘室）。針對花家地，當局認為除了附氣窗的「半地下室」區域以外，其他整體居住範圍都相當破舊，安全堪慮。

「上個星期，地方黨幹部來這裡宣布要關閉那些位在比較深處的地下室。我們這裡算是半地下室，還可以繼續租。」雜貨店店長說。

這家雜貨店的老闆，就是這三十間房的房東。她白天有別的工作，晚上才會回來。

「我們都叫她『女王』，因為這地下室是她的，而且她比我們有錢。」店長豎起大拇指，非常欽佩。

「那您呢？您就不能變成女王嗎？」我們問。

「這輩子想都別想。」她回答，我們無知的程度讓她有點驚訝。「要經營地下室，得認識黨的高層幹部。這都要塞錢請人介紹才行的。既然那些人既然能爬到金字塔頂端，撈到的錢當然也是最多的。」

「我們的房東人很好，」迷宮裡的另個房客打岔說：「晚上有時候她會跟我們一起煮水餃吃。這整個地下室是她向一個跟黨部關係良好的人租的，然後她再轉租出去。這對她也不容易啊，畢竟沒什麼賺頭。她承租這邊已經十年了，所以我們叫她『女王』，雖然她並不是真的女王。」

「政府開始關閉某些地道，」盧暉林教授說。

「但這到底不是解決辦法。政府應該負起責任，維護這個族群的權利並且提供他們租金合理的社會住宅，因為市場法則使得北京租金暴漲。依照政府規定，每個人基本的居住空間至少要有一點五坪，然而只有極少數的人遵守。大部分的鼠族在餐廳工作，或有的是售貨員、門房、工地工人、快遞員等。沒有他們的付出，北京市便無法正常運轉，還可能會面臨癱瘓。居住證制度對他們來說是一大障礙，假以時日，法令必須要有所調整。」

許可證轉手變天價

我們到了這一區另一處地下室，假裝跟管理人說要租一個房間。他對民防局關閉地下室的命令顯得不以為意。

「我們這邊的地下室已經通過政府的所有查驗。要是你們跟我租房，絕對不必擔心到時得搬家。」他語調誠懇向我們保證。

這名房東擁有一百間房，每個月平均房租收入為五萬五千人民幣，一年下來差不多是六十六萬人民幣。

「政府部門時不時就會開罰，要我們繳好幾千元的罰款，但是這點小錢跟我的收入比根本不算什麼。反正，這筆買賣就是我們的搖錢樹。」他一臉自信地說。

這票地底經營者主要出身中國南方沿海的福建省，素來以精打細算、深具生意頭腦著稱。此外山東和黑龍江的民工也造就了大量的「王」。十年前，北京市中心一區地下室的年租金不過三萬或四萬人民幣。經過些許整修裝潢，房東可以收到超過十三萬人民幣的租金。當年，這批房東在北京至少都占有兩三區地下室，穩穩當當地累積了不少財富。根據一名出身福建政和縣的生意人的說法，北京至少有三到四千個他的同鄉經營地下室出租。

「我是個農夫，沒念過書。但是我在北京一樣可以賺到錢。」他自誇著，「政和縣的人在這一塊占的位置最多，團結一致就是我們成功的關鍵。從我們那一區來的人，全曉得可以跟我們這批同鄉借錢來開拓他的地底事業，大夥兒都是贏家。」

許多房客都說，要獲得地下室經營權，不只要付租金，還要賄賂相關的官方負責人，如此才能確保他們的地下室不被列入關閉名單裡。而這經營權落到「王」的手裡之前還會經過好幾位中間人，每過一關都有「轉讓金」要付。到了這條利益關係鏈的終點，經營者必然要付出極高的費用，如果他們無其他已經賺錢的移工出手相助，是不可能成功的。

「北京一間三百坪左右的地下室，轉讓金可以超過一百萬人民幣。」李立強說，他經營著五十個房間的地下室。「在政府眼裡，這張許可證不過是一張紙，他們根本沒想到這張紙轉手一賣就成天價。但是經過三到五年，轉讓金也打平賺回來了。如果沒有這手續費，地下室出租肯定是個超賺的生意，因為民防局訂定的租金根本可笑至極。」

關閉政策後的新玩法

政府針對關閉北京地下室的政策，讓政和縣的生意人開始轉向利潤更高的買賣。「地下室出租這生意很快就沒戲唱了，」李立強斬釘截鐵地說：「現在我們在城市郊區租了大片田地，都是靠近工廠或大學校園的。我們的重點就是簽下長期合約，越長越好，至少二十年起跳，然後蓋個大概容納一百間公寓的大樓來出租。這樣更好賺，而且穩定多了。」

在西壩河中里的腌臢裡，海潤和虹夏這對年輕夫妻，七年前從山東來到北京，暫時管理著地下室。老套庸俗的婚紗照貼滿牆面，兩人穿著傳統禮服龍鳳褂，站在朦朧的布景前。海潤穿著灰色長褲、上班族白襯衫、染了一頭金髮，他說他在銀行找到了工作，希望日後能夠往上爬。夫妻倆都覺得自己得天獨厚了。三坪大小的儲藏室小間有氣窗，裡頭擺滿巨大的絨毛娃娃，陪伴著他們一歲大的小寶貝。

虹夏是地下室的管理員，這地下室是她父親承租的。儘管她薪水很少，但這份工作可以讓她不用付房租。

「村裡每個人都跟我們說，想要體會真正的人生就得到北京生活、工作，」這位年輕的少婦說著，她身上的俏麗洋裝，印滿紅、藍、黃的花卉圖案。「不只為了走出貧困，還為了那難以忘懷的人生歷練。不過我不曉得這樣的日子我們還能撐多久。」

「我們才不是什麼王，」海潤補充，他毫不介意地大笑，「這裡歸我岳父管轄。大家都叫我們『老鼠』，比對我們的生活方式，這形容還真是貼切。地下室的國王統治著老鼠王國，這算不上什麼光榮。」

第十二章

走出洞口的藝術家

「如果老鼠重達二十公斤，牠們就會成為世界的主宰。」

——愛因斯坦

成功機遇堪比鑽石

以鼠族而言，他只保留了皮相與狡黠的眼神。理著平頭，三十五歲的曹雲金披著鼴鼠灰的皮外套，迎接北京的冬天。彷彿是潛意識指引他這場象徵性的變形，他將身上這第二層皮朝他的助理一甩，助理忙不迭向前一手接下。曹雲金隨即以一身午夜藍緞面西裝、紅色領結、亮面皮鞋現身在一群蜂擁而來的鎂光燈前。

曹雲金離開他的地洞超過十年了，現在躋身知名相聲大師之列，相聲是一種古老的說唱藝術，透過兩人一搭一唱製造笑料，除了巧問妙答還有模仿、狀聲、逗唱等充滿機智幽默的橋段演出。曹雲金從一無所有、從北京惡臭的臟腑中脫胎換骨，成為富豪。他喜愛引人注目閃閃發光的一切：金色的瑞士手錶、張揚華麗的義大利跑車，以及性感的壞女人。比如他的第二助理，這位纖細的中國女子，紅棕髮色，逆天的高跟鞋托著她窈窕的身材，極短的迷你裙讓人毫無招架之力，刺骨寒風也奈何不了她。

曹雲金已準備好他的One man show，連續三天將讓北京保利劇院一千五百個位置座無虛席，而這場記者會便是為了這羊年封箱之作[1]造勢。最前排的位置票價高達一千一百八十人民幣，包廂價格更高。曹雲金的境遇與賈梅．德布茲[2]相似，從喜劇跨足電影，他出演了十幾部電影，一躍而成中國大銀幕上的明星。集中國各大城市陰暗晦澀的人間苦難於一身，北京的腸道其實也會湧現幾個亮晶晶的金塊，然而，這無法與出身郊區或貧民窟的足球員喚起讓人嚮往的明星夢相提並論。成功的例子是這麼微乎其微，跟鑽石一樣稀少，以至於城市地下室的人們甚至連一點點會讓自己激動得微微顫抖、模糊的想望都沒有。

自我解嘲地稱自己為鼠

曹雲金十八歲時離開河北鄉下，先在大港天津市安頓下來，之後開始學相聲。這一傳統中國曲藝源於華北地區，盛行於明朝，經過了清朝的發展演變，延續至今。如今我們知道的相聲形式，可以是一人模擬口技的單口相聲，也可以是多人的群口相聲。天津是相聲藝術的重鎮，有許多相聲藝人在小茶館或劇場演出。不過，北京話在相聲這個藝術裡占有相當重要的地位，北京無疑是相聲的最高殿堂。於是，曹雲金在二〇〇一年搬到北京，拜郭德綱為師（他的作品素以極為前衛著稱）。

當年，對於這些帶著輝煌夢想，剛剛踏入北京的新鮮人和渴望成功（就算是短暫也好）的年輕藝術家來說，波西米亞式的生活即是框在一個不到兩坪大的小房間裡，伴著一盞日光燈，住在城市的地底。那段日子讓曹雲金留下極糟的回憶。

「五年之間我不停搬家，從這間地下室搬到另一間。地底生活真的很苦。當時我是一個人，沒鄰居、沒浴室、沒廁所，空間規劃不像現在這麼好。最悲慘的是，有次我的朋友把他的地底畫室免費借我住，裡面的溼氣實在讓人無法忍受，我一直生病好不了。最難過的就是皮膚，我整個上半身、背部都布滿膿疱，手腳、手臂總是長著癬，有時抓癢非得抓到流血。那時候我心裡只想著一件事，就是洗完衣服後怎麼把它弄乾。我什麼方法都試了，但衣服就是乾不了，霉味揮之不去。生活大小事你都得跟它奮鬥。但我還不是最不幸的，至少我有地方住。」

回想起這一段過往，這位專業喜劇藝人實在幽默不起來。儘管在某些情境下，這段過往亦有值得拿來插科打諢的可能，但他不曾從中尋找任何靈感。

「我從來不提這些事，我不喜歡這些過去。」他露出嫌惡的表情，眼神帶著憤怒。

❶ 譯注：相聲界年度的兩場重要演出，就是農曆年前後的「封箱」與「開箱」，即一個年度最後與最初這兩場戲。

❷ 譯注：賈梅・德布茲（Jamel Debbouze, 1975-，生於巴黎）法國－摩洛哥裔的喜劇演員、演員及製作人。他在十四歲時因為火車事故而失去右臂，生理缺陷使他另謀出路，後來在即興劇場中發現自己的幽默天分。二十歲時透過廣播、電視發跡並成名，後來轉戰電影圈，《艾蜜莉的異想世界》即為他的代表作之一。

「是媒體老要我談這段我努力想遺忘的鼠族生活。中國電視台每一個訪問，記者總是毫無例外問我相關的問題，因為他們認為這故事很具話題性。超級累人啊！對我來說，這比政府勸導我們多聊些正面經驗還讓人敏感。重點是如何擺脫困境，只要堅持做好一件工作，我們是有機會成功的。我的例子就是最好的證明，可以給予人們一點希望。但想要擺脫困境，不能光沉溺在自己的夢想裡。我們必須過一天是一天，勤奮工作，畢竟促使我們走出地洞的是工作，不是夢想；要思考的不是未來，唯有現在。」

他認為「鼠族」這個別名，既稱不上侮辱，也沒有貶抑的意思。

「這是人們用來自我解嘲的一種親切說法，為了給自己勇氣。跟美國或歐洲相比，中國是個正在發展中的國家。現在的年輕人機會越來越多了，但人生就是一場戰鬥。」他說。

鑽出北京的臟腑來到地面，對他而言宛若重生，自此以後，他能夠活在陽光下。然而他不曾遺忘在地底的日子，那如同他的人生學校。

「當我遇到困難，我不會把它看得太嚴重。」曹雲金解釋道：「我總是不斷爭取讓自己向前，但是我並不害怕失去一切，因為我知道我的人生不過是一連串無法量化的運氣總和。」

所有的聚光燈都對著他，曹雲金享受當下這一刻，而我們打亂了他的美好。才剛跟我們再見，現在他已經跳上台，擺出詹姆士龐德的姿勢，先是自己一個人站著，之後隨即被兩個楚楚動人的花瓶擁著，浮誇彷彿已成為他展現能耐的第二天性。

幾百塊的煩惱變成幾百萬

相反地，一九七三年生的畫家張思永，卻說他在北京臟腑度過人生最美好的歲月：這些時光讓他能夠創作。

他出身江西南昌，一九九二年到北京大學念設計。他在西壩河中里的地底迷宮住了八年，就是那個來自山東的母親蘇瑩居住的中產階級社區。但是可別稱他為「鼠族」，他認為自己屬於「北漂」（漂到北方的人），這是個較不具貶意，特指離鄉到北方大城市，比如北京或天津落腳的人，由於戶口仍在原本的出生地，而無法跟當地居民擁有同等權利，自然也無法真正在當地安頓下來。

張思永是藝術家、收藏家，同時也是北京當代藝術重地七九八藝術區（位於朝陽區）一家畫廊的老闆。在此時，二〇一五年五月頭一週，他就賣出了要價二十五萬人民幣的一幅畫。這個建築風格獨特的展覽空間，原本是國營電子工業廢棄不用的老廠區，七九八便是沿襲廠區編號而來。由於這裡租金低廉，一個在一九八四年左右組成的藝術家團體從千禧年便進駐。從那個時候開始，他們即與政府屢次想關閉藝術區的企圖持續對抗著。如今，占地六百四十公頃的七九八藝術區成為北京文化的象徵之地，房租當然也隨之飆升。

二〇〇〇年，張思永經營的「千年時間」畫廊進駐三八一八倉庫，成為當今北京當代藝術風景裡的一部分。長髮往後梳、戴著髮箍，印滿骷髏頭的白襯衫上露出義大利名牌時裝的商標，張思永在他那氣氛悠閒、裝潢細緻的「有時間」咖啡沙龍接待我們，那也是他與重要藏家會晤之處。我們舒服地坐在皮沙發上，置身他的眾多收藏之中，張思永則抽著古巴雪茄、喝了一小口義大利白酒，品味他的成功。他個人最具價值的具象、抽象作品價格可達到兩三百萬人民幣。

張思永認為他最關鍵的「代表作品」都是住在地下室那段日子創作的。當時他租了西壩河中里地下一個近兩坪的房間和一個約五坪半的空間當畫室。通常他都會任由房門開著，讓油畫顏料的氣味瀰漫整條走廊，但這樣他才能免於被熏到窒息。由於溼氣太重，他的油畫總是沒辦法乾透。而照明只有日光燈，他必須一直退到走廊才能看到自己作品的全貌。

「畫面不是很穩定，我沒法看得很精準，但是我會自己想辦法。」他解釋著，「那個時候我很窮，房間沒有門，但也沒什麼值錢的東西可以偷。沒有自然光，所以不管白天或晚上什麼時候起床都行，無所謂。我拿起畫筆畫我的圖，這就是我唯一在乎的事。我不知道明天我將面對什麼。有時候，我甚至不清楚下一餐在哪裡。我幾乎不吃肉，經常生病，感覺非常孤單。」

他靠著在路邊賣些小幅的畫維生，掙口飯吃。遇到沒錢付房租而房東又來敲門時，他死都不開門，想盡辦法躲起來，常常數小時哪裡也不去，免得被盯上。有幾個月，他順利跟一個鄰居老太太借到兩百塊人民幣來付房租。老太太會借他錢，是看在同為江西人的分上。鼠人的世界是極為個人主義的，只有來自同村或同樣省分的人才會互相幫忙。

「從前，我煩惱的就是幾百塊人民幣，現在則是幾百萬。正因為有那樣的地底經驗，塑造出我的堅毅性格。這些考驗都成為我成功的要素。我曾經深愛著一個女人，並將這樣的愛全部投注在繪畫裡。我沒有所謂的辦公時間，早也畫、晚也畫，不眠不休。有時我會出門聽場搖滾音樂會，接著回到我的洞裡。現在我仍然繼續畫，但沒有一幅比得上那個階段的作品。曾經我過著隱士般的生活，到了二〇〇一年我重回到地面，發現了世界、建立起人際關係，遇到我老婆，還有了個兒子。」

不為市場出賣靈魂

他的創作並非直接受到地底經驗的啟發，相反地，當時繪畫是他用來逃避的方式。為了逃避這晦澀的日常與淒涼骯髒的世界，張思永想像了一個色彩炸裂的宇宙，彷彿反映他內心真正的情感，對生命、對光線的渴望，以及愛的慾念。許多他的抽象畫都是他的人生隱喻，召喚他那位於南昌郊區的村莊的變形，一場都市化的改頭換面。他自言受到莫內與點描派的影響，毫無顧忌、任由想像奔馳，將他們的技法應用在更為新穎的內容上，或是非具象的作品裡。他不曾念過造型藝術，都是透過書籍才認識這些藝術大師。所以早期的作品可說都是對大師之作的「致敬」。在中國，致敬常被認為是一種純粹、單一的複製形式，但是張思永不同。他知道如何將他們的技法轉用並內化成自己的風格。他的父母都是農民，然而他並不想在田裡度過一輩子、活在悲苦之中，因為整個國家正在蛻變，所以他才到北京碰碰運氣。

「我年輕的時候，父親就過世了。」他說。彷彿這是驅使他離鄉背井找尋另一個未來的契機，不必死守著父親的身影。但是儘管他察覺自己與父母的世界有著極大的差距，他對自己的出身卻相當自豪。

「我母親從來不懂我在做什麼，她以為我在路邊幫人畫肖像、在人行道上展覽。有一天，我邀請她來參加一場展覽的開幕酒會，她從頭到尾都沒說話，但是忍不住一直笑著。我的出身對我影響深遠，尤其南昌這個地方以前可是有『中國威尼斯』的稱號。我的繪畫裡，總是看得到水、四季、河流或是花。」

他人生的轉捩點出現在一九九八年，那時三里屯一帶有間大飯店給了他機會，讓他展出他的作品，展期二十天。他送了兩幅畫給飯店畫廊的經理。展覽結束正準備撤展時，來了一位美國企業家，張思永展出了六十八幅作品，他買走四十幅。這讓張思永瞬間進帳二十五萬人民幣，他一輩子還沒見過那麼多錢。

「在當時，那真是一大筆錢，」張回憶著，「我把朋友統統找來我的地下室，最窮的人終於也有機會嘗嘗好酒。隔天早上，我在一堆空酒瓶裡醒來，地上貼滿了我的展覽海報，我覺得好幸福。我時常想起那段時光，但要我再過一次那樣的日子，我肯定沒辦法。」

幸運之神繼續眷顧著他。同年，一家在北京開幕的福樓法式餐廳（FLO）邀請他展出，這次展覽經驗讓他認識了前來用餐的國外買家。幾個月後，他入選進駐北京的中國美術館展出十天，從此打開知名度。一九九九年，香港一家畫廊與他簽了五年的合約，每年買斷二十件作品，並以每幅一萬人民幣的價格先向他買了二十幾幅畫。張思永用這筆錢開了自己的第一家畫廊，當年他二十五歲，畫廊就開在一家麥當勞旁邊地下室的走廊。他讓年輕藝術家在地下室展覽，希望給他們一個機會。

「後來他們當中沒有一個能有所突破，」他遺憾地表示，「但那是他們信念不夠。這些藝術家來到北京，一心只想迎合市場。有些人其實相當有天分，只是作品缺乏靈魂。而我將藝術視為表現個人真實情感的媒介，不會因應市場需求來改變自己。」

靠關係拉抬自我身價的藝術家

好不容易發現一顆明珠、一個從地底出頭的知名畫家當然令人高興，我於是跟一個旅居北京多年的藝術家朋友聊起張思永的奮鬥史。

「千年時間畫廊！」我的朋友大喊。

「那傢伙很卑鄙。我一點也不在乎他經歷了什麼，但我可以告訴你，他根本是如假包換的鼠輩。」

因為十分欣賞我朋友的作品，張思永向他提議到千年時間畫廊展出。作品挑好了，開幕時間也確定了，但在開幕幾星期前他突然人間蒸發、電話失聯，只交代畫廊說他到外省去處理一件急事。

「這真的很像中國人的作風，」我朋友無可奈何（他的老婆是北京人），「他不想面對我，無法老實跟我說他找到了更好賣的作品。於是他就這樣消失，直到我意識到原來自己被當成菜鳥耍了。」

回想起來，張思永驕傲地秀出他手機裡的精選照片時，我應該要嗅得出他的野心勃勃：他與前法國總統賈克・席哈克的面會，與名演員蘇菲・瑪索、克里斯多福・蘭伯特，或是收藏他作品的那些諾貝爾獎得主的合照。其中他最得意的，是一個中國富豪將他一幅畫送給美國前副總統艾爾・高爾。當時我被他一連串的機遇蒙蔽了雙眼，毫無意識到他其實是藉由各種交情拉抬自己身分。

「賈伯斯也收藏了我的畫，但我沒有照片。」他一臉懊惱。

「在我五百年的家族史裡，我是第一個畫家，我的中國夢就是哪天到法國展覽。」

不可或缺的和諧

張思永遵守新領導人的遊戲規則。私底下，他大肆評論當局完全不拐彎抹角；而在檯面上，面對一個外國人，他則毫無猶豫，本能地提起中國領導人習近平那些滔滔言論、他那復興中華的中國夢。中國當權者帶著「歐威爾式」[3]之眼，對知識分子的想法了然於心，至於批評，只要是以低調形式發生在私人場域，且不會匯聚轉化為煽動或反叛的力量，皆可以被允許。身為一個好學生，張思永也贊成習近平號召的文藝工作者下鄉「再教育」行動。中共對於所有可能質疑其威信的文化產業控管相當嚴格，比如國際知名藝術家艾未未的創作。與此同時，他們對中國藝術市場，尤其是針對造型藝術審查的鬆綁，則讓近二十年來的藝術創作得以百花齊放。藝術家接受文藝「整風」運動，就能夠在接觸鄉土「人民」的過程裡，「樹立正確的文藝觀」。

根據習近平的演說，這個概念出自毛澤東時代。當年，這個極權建立者將數以萬計的知識青年送往農村，接受農民的「再教育」。習近平批評某些藝術創作「粗鄙」，廣邀藝術工作者創作具有「社會主義的核心價值」、愛國主義、「為人民服務」的作品，官方媒體早已比較過他與毛澤東的做法。根據習近平在文藝工作座談會上的全文，他提到，藉由「扎根人民、扎根生活」，這些「文藝工作者」必定能夠「不辜負時代召喚、不辜負人民期待，創造出更好更多的文藝精品」（授權發布：中共國家通訊社新華社）。

張思永非常驕傲能夠被中央黨校選中，在二〇一四年的時候參與一場專題。而且他十分樂於炫耀那枚印有鐮刀和槌子的徽章。他並不是被陳舊意識形態的光澤或正在全面衰敗的黨所吸引，純是因為黨所給予的關係網絡，乃是在中國能夠成功之強而有力的媒介。然而，他支持的力道有限——他並不打算下鄉接受農民的再教育。

「我本來就是鄉下孩子，也從未與鄉下斷過聯繫。」他辯解著，誠摯的語調不無心虛。「習主席的政策主要針對官方藝術家，政府會給他們一筆固定的薪水作為穩定收入。對他們來說，跟著農民生活並學習是不可或缺的，畢竟我們有五億的鄉下人需要我們為他們創作。我們不能無視他們，單單滿足於創作給城市人的藝術。」

成功讓他飄飄然，這藝術家對他的老部落標準嚴苛。「當然鼠族裡充滿苦難，」他承認，「但是他們並不是淪落街頭，所以事實上沒有那麼糟。況且對其中很多人來說，這狀況只是暫時的。沒有人逼迫他們到北京的地底生活，這是他們的選擇。法國能給予窮人補助的確很好，但這在中國是不可能的，因為這個國家人口太多了。」

管理超過十三億人口是個巨大的挑戰，使得這個國家得費很大的力氣才能逐漸邁入現代，這是事實。然而，這也成為共產黨用來合理化種種缺失的藉口，首先是缺乏民主以及嚴格的社會框架，對一些基本自由的限制。中國共產黨著眼的是自保，致力於維持社會不可或缺的「和諧」，認定「西方價值」的目的就是為了削弱中國，使得中國陷入萬劫不復的混亂深淵。

❸ 譯注：歐威爾式（orwellien），意指如喬治·歐威爾筆下虛構的世界，挾著極權獨裁的專制，操縱訊息以進行社會控制、思想改造。其代表作有《動物農莊》、《一九八四》。

早上醒來，就是個小奇蹟

二十一歲年輕演員張熹，他的成功還是未知數。他在北京地下室住了三年，二〇一五年春天才搬到地面享受陽光。剛到北京的頭幾個月，他用三百人民幣租了個一點二坪的小房間，接著換成兩坪半，再來是六坪大小的「套房」……這樣的「奢侈」每個月要一千人民幣。現在，他在北京近郊一棟老舊大樓裡租了個四坪半的小套房，牆上貼滿馬龍白蘭度、伍迪艾倫或是米亞法羅的劇照。每天沉浸在陽光裡的代價則是一個月兩千人民幣，對他的荷包實在有點傷。

「當學生的時候我付不起。」他解釋。

「我也不想跟爸媽要錢搬到別的地方去。生活條件實在太糟了，連洗澡都要排隊。房間非常潮溼，我只有晚上才會回到那裡睡個幾小時，其餘時間都在外面，免得生病。而且我非常小心安全問題，如果發生火災——這在地下室很常見，我住的那迷宮裡的一百人大概都會沒命。那裡根本沒有一個通風口，連呼吸都很困難。但最後我們也沒法去想了，我們幾乎跟自殺的人沒兩樣。」

他的父親到北京來看過他一次，發現自己兒子住的環境這麼糟，堅持要資助他讓他住到地面去。但是張熹是絕對不會接受的。

「就算我們每天都吃毒藥，還是不會死。」

他笑道：「每天早上我們醒來，就是一個小小奇蹟，雖然這奇蹟早已變得平凡：我們還活著。我們這一代啊，在地底住個一陣子是很正常的。不過，有天一個老先生跟我說，讓我一個人住在這樣的洞裡是我爸媽的恥辱。於是我想通了。我還沒有能力住得得體，而我必須努力創造一個更好的生活。現在我賺得比較多，所以決定搬到地面來。要成為一個男人，就必須改善自己的處境，一點一滴的。」

一九九〇年代，張熹的爸媽移居到內蒙古開餐廳，隨後張熹出生。張熹在西安的大學念戲劇，西安曾是過去的帝都，位於陝西省。他原本在西安市立劇團找到一份固定的演員工作，一個月薪水兩千人民幣。後來他往北京尋求更好的發展。小瓜呆頭、淺色罩衫綠色長褲，張熹外表看來就是個知性的藝術家。目前從幾齣小編制劇作獲得的出演角色，讓他能夠吃飽、與朋友交際，而為了付房租與其他多餘開銷，他在路上兜售一些玉石項鍊。

「北京人鄙視從外省來首都工作的人，」他吐出一口菸，苦澀地說，「他們對『老鼠』呢，就更不客氣了。住在地面的人根本不清楚我們的生活，所以才會怕我們。有些人誇張到拿垃圾往我們地下室丟。在我住的地下室，什麼人都有呢，有月入數萬人民幣但想省房租的生意人，有妓女、學生、服務生或是廚師。還有些北京人本身已經有公寓，但寧可把公寓出租，自己住來地底，房租節節高升，他們可以賺更多。」

張熹相信「中國夢」。他的夢想是在電影圈打下一片天，片酬足以養活他的父母、未來的太太與孩子。

第十三章

富豪與鼠

「老鼠在下水道幽暗處窺伺我們。牠們捻鬚竊喜，因為知道我們的文明即將走到盡頭。」

——米歇爾・丹樹（Michel Dansel）

燈紅酒綠

僅僅幾階，便將依循日出日落節奏而生的地面，與鼠族居住的陰暗走廊區隔開來。但是這兩者之間的距離有時似乎可以用光年計算，就拿星期五與星期六夜晚時的朝陽區工人體育館來說好了。每逢週末，同樣的儀式便在此上演，那是北京富家子弟最愛的運動之一：繞著體育館找停車位，不時踩油門，讓他們V 8或V 12引擎的義大利跑車低聲咆哮；而車主永遠是那號表情，既滿意又無謂。

工人體育館建於一九五九年，是為了慶祝中華人民共和國建國十年而蓋的，也是文化大革命的重要地點之一。「修正主義者」與其他「反動分子」在眾目睽睽下被迫承認自己的罪行，無論是真有其事或無中生有，皆公開遭到侮辱與批鬥。如今，工人體育館一帶處處充斥酒吧與舞廳，儼然是北京夜生活的熱點，當初革命元老的後代「太子黨」投身野蠻資本主義，開著豔紅如黨旗的法拉利，或是螢光蘋果綠藍寶堅尼、糖果粉瑪莎拉蒂。

這裡是新興的名流匯集之地，黨的分支後代在此縱情揮霍，奢華美式俱樂部「浮古匯」就像磁鐵般吸引著義大利或英國名車……因為北京這些「愛現鬼」當然不會忽略賓利或是勞斯萊斯。這些「一般」顧客懶洋洋地躺在皮沙發上，整個空間的木製裝潢皆是「英式俱樂部」風格，排場浮誇，品味則有待商榷。朋友間的交流不時空著長長的沉默，大家各自專注滑手機，年輕女人則在骨董車或水晶牆面前自拍。這些被黨幹部極盡溺愛的「太子黨」喜歡寬敞的私人沙龍，裝設有巴卡拉水晶燈飾、超大螢幕和獨立音響系統。他們放肆喧譁大唱卡拉ＯＫ，慵懶抒情歌輪番上陣，有時都要讓人斷了氣，唱法通常會帶點抖音，還有精心打扮的漂亮女歌手伴唱；較為輕快的英文歌也有，咬字發音意思到了就行。

喝酒助興少不了香檳王Dom Pérignon、軒尼詩ＸＯ干邑白蘭地，和茅台這款深受菁英分子喜愛的中國高級蒸餾酒。每一瓶都會拿到我這外國賓客面前，以表明這些上好的酒是特地準備的。三只酒杯，先分別細心斟入一種酒，這才端到客人面前。接著便是表示友誼的一連串乾杯。隨著爆炸性酒精混合體帶來的飄飄然，很快地抹除了所有談正事的念頭。豪華的熱帶水果大拼盤底下放著冰塊，乾冰營造出來的「煙霧」效果，都是為了美化這一切。我們三番兩次企圖禮貌性道別都是徒勞，持續被無止盡的自拍合照給打斷，然後又是一次新的銷魂乾杯循環。

經過幾小時酷刑，趁著一瞬間的清醒，我趕緊開溜。

深度趕不上速度

這個會所的董事長高鷺，三十二歲的年輕億萬富翁，以經營二手名車起家。他的生意使他與富有的黨幹部繼承人建立起穩固的關係，從而奠定日後多元化投資的重要基礎。他開著白色瑪莎拉蒂在下午時分抵達會所，兩名女助理則駕駛氣勢磅礴的凱迪拉克隨行，理平頭、合身白T搭配黑色寬褲、Vans帆布鞋，高鷺的外表不像精明的企業家，倒更像滑板運動愛好者。

他的第一助理，高䠷優雅的年輕女子用英文自我介紹，剛上市的iPhone被她輕輕握在手裡，與金色亮片指甲油相互輝映。她帶著兩只LV手提包，從裡面那一只拿出最新款超薄MacBook，放在膝蓋上。第二助理也按部就班，與她動作一致。她們準備一字不漏記錄老闆說的每句話，如同每一次會晤。只是第一助理向我們表示的「歉意」卻讓人哭笑不得。

「請原諒我們老闆，他才剛結束一場很長的會議，現在去小便了，很快就會回來。與他一起做事，我們得跟上他驚人的節奏，他幾乎每個晚上都要應酬到凌晨三四點。這會所對他的生意十分有幫助。」

對我來說，最痛苦的大概是如何壓抑那控制不住想放聲大笑的念頭。當下這場景，讓我想到某個週末我和蕾提西亞到中國中部某個城市的經歷：那天我們抵達一間裝潢現代、貌似五星級的飯店，飯店接待人員容貌精緻，想必是萬中選一。她將我們的護照資料輸入電腦之後，突然在櫃台後面彎下腰去，大吸一口氣然後朝垃圾桶呸地吐了一大口痰。我呆住了，不敢轉頭看蕾提西亞。因為實在忍不住想笑又覺得頗尷尬，我們瞬間逃之夭夭。

這種情況在中國比比皆是，除了最為偏遠的農村。我們震驚於中國這三十年間的發展之路、令人讚嘆的現代化以及期望找到其全球化定位的意志，然而某個細微之處卻洩漏了急速發展背後深度的不足，比如高級餐廳的侍酒師竟想用開瓶器來開香檳，形成極為諷刺的反差。

最後一班財富快車

執迷於物質享樂與他們的財務管理、急速湧進的財富，有些中國超級富豪並沒有時間好好掌握上流社會的規則或禮儀，高鷺便是其中之一。躺在寬敞的皮沙發裡，他的發言一再被咳嗽與吸鼻子的聲響打斷，娃娃臉上嵌著一雙慧黠的眼睛，閃閃發亮。

高鷺生於一九八三年，二〇〇〇年進入大學，只念了六個月就輟學，轉而發展自己的事業。二〇〇二年，他賣掉原本開在北京的第一間酒吧，成立公司，資本額只有七萬八千人民幣。如今他已是資產一百一十七億人民幣的企業帝國龍頭，旗下產業包含汽車、房地產、高科技與珠寶。北京的浮古滙，骨董車進駐的殿堂，是他最小的「孩子」。

但是這將不會是唯一。因為在征服世界，尤其是打開巴黎市場之前，高鷺打算在中國大城市再開一間。我們可以確定的是：這些會所之於骨董車，如同紐約硬石餐廳（Hard Rock Café）之於電吉他。他收藏裡的珍寶是一輛光彩奪目、一九三七年的黑色勞斯萊斯，就擺在會所展廳中央，價值將近六千四百萬人民幣；旁邊是Shelby Cobra眼鏡蛇427、影星卡萊．葛倫（Cary Grant）開過的勞斯萊斯。而停在車庫裡的其他六十幾輛頂級名車中亦不乏精品，像是奧黛麗．赫本的法拉利、瑪丹娜的賓利，或是曾為達斯汀．霍夫曼收藏的勞斯萊斯。

「這是筆好投資，」他心滿意足摸著一九三七年的勞斯萊斯，「比如這輛好了，每年行情上漲十七個百分點。對一些人來說，輟學是很糟糕的事，但是在我看來，念大學只是浪費時間。在那個年代已經有人著手成立自己的公司，我也想跟他們一樣。當時還可以找到尚未開發的產業，有許多處女地等待挖掘，沒有競爭對手。我主要在做的二手奢侈品骨董車就屬於這一塊。對於那些現在才起步的人，他們面對的競爭就殘酷多了。

因為市場處處是頂尖的生意人。而這也是何以在這個國家，沒有穩固的人脈關係的話，什麼事也做不成。我的運氣很好，搭上了最後一班財富快車。」

總而言之，高鷺已躋身全面擴張的富人俱樂部。二〇一五年，北京超越紐約成為世界十億美元富豪密度最高的城市，有一百人居住其中；紐約有九十五人，略遜一籌。根據胡潤研究院的統計，二〇一五年中國這樣的億萬富翁有七十四人，如今激增為四百七十人；包括中國、香港、澳門、台灣等「大中華」地區的億萬富翁共計五百六十八人，勝過北美洲五百三十五人。這是相當大的差距。

一千個最富有中國人的平均資產是十億四千萬美元。房地產業是他們主要的致富來源，儘管中國政府努力限制土地買賣、欲防止房價飆升。「超級富豪」，亦即擁有至少一億人民幣身家的富豪的數量攀升了三點七個百分點，高達六萬七千人。住在北京的富豪人數是最多的，包括十九萬兩千名百萬富豪與一萬一千三百名超級富豪。中國南部的廣東省、中國的商業中心上海，也跟隨北京模式，以這兩類人為目標。按照如此穩定成長，接下來的三年，百萬富豪可能達到一百二十一萬人，超級富豪達七萬三千人。習近平自從二〇一二年下旬接任中國共產黨領導人之後，即祭出禁奢令與打擊貪腐運動，嚴重打擊了奢華市場；超級富豪這個階層，其財富需仰賴他們與政治權力的互通有無，在風頭上也相對低調，只是他們財源依舊沒斷過。

縮減不平等之道

從另一方面來說，在中國飽受抗議的社會不平等，近兩年來僅僅縮減了那麼一點點。基本上鴻溝依舊，根據二〇一四年一月官方的統計，城市與鄉村之間的落差仍舊很大。用來衡量所得分配平均度的基尼係數，是零至一之間的比例數值，顯示中國財富的分布確實令人憂心，因為根據中國國家統計局，二〇一三的基尼係數是零點四七三，前一年則是零點四七四。世界第二經濟強國高度的貧富不均，是「人民不滿」的源頭。

北京大學近期一項研究指出，這個國家三分之一的財富控制在百分之一的人手裡，而四分之一不那麼富裕的人家只占有全中國大概百分之一的資產。依照世界銀行的數據，中國約有兩億人口生活在貧窮門檻之下，每天靠著不到一點二五美元生活。中共試圖改善貧富不均的現況，以防堵社會暴動後一發不可收拾的風險。他們要走的路還很長。「根據國際標準，基尼係數超過零點四，代表所得分布極為不平均而有待解決」，國家統計局局長馬建堂很清楚這點。馬局長表示，都市居民的平均收入約是鄉村的三點零三倍，即使後者的收入現在已增加得較快了。

「二〇〇八年北京舉辦奧運的時候，當地政府希望驅逐所有鼠族，」北京理工大學經濟系教授胡星斗解釋，「但他們很快意識到這是不可能的。這麼一來，就沒人掃地、賣菜或是蓋房子了。缺了這些人，北京將會癱瘓，一個城市必須能夠讓所有階層的人都和諧相處。在中國，勞資關係不太正常，財富分配體系並不合理，我們也沒有真正的工會。從較低的社會階層往上爬的人，走的可說是一條毫無勝算的奮鬥之路，畢竟社會階級是如此堅不可摧。社會高層享受的特權幾乎是不可能被打破的。戶口制度使得移工無法改變他們的生活。民工被迫放棄他們的農民身分才能到大都市工作，卻無法擁有都市人的權利，比如社會保險。政府嚴格限制他們的權利，藉由將他們趕往小鎮或是中型城市來調整控管都市化。但是那些地方卻無法提供他們足夠的工作機會。」

「政府遲早必須採取行動、有所作為，在一個以經濟發展為優先的國家，競爭力是很重要的。但是我們不能忽略那些不平等。政府理應訂定最低薪資以確保勞工的所得，此外也應該成立工會以捍衛勞工的權利、讓罷工合法化，才能制衡資方放棄某些要求。允許成立慈善機構也是必要的。在中國，只有官方機構才有權力進行人道工作，非營利組織數量極少，然而他們在改善弱勢族群的生活條件這部分，原本應該要扮演重要角色。」

對於億萬富豪高鷺而言，所謂的不平等，在中國這樣的發展中國家裡是個「必然之惡」。不過，他承認這些位於社會底層的鼠族，為這個新帝國的城市發展帶來「舉足輕重」的貢獻。

「鼠族對我們這城市來說是不可缺少的，」他直截了當地說：「他們就跟黃牛一樣，不停地工作。沒有他們，北京就是個沙漠。他們承擔了所有微小的工作，蓋房子、送快遞，做了這麼多但薪水就那麼一丁點。這些人可以分成三類：接受這低賤工作，但是懷抱致富的野心；沒有夢想只想活下去的——這一類人永遠不會成長；以及對社會付出但是不求回報的——這一類人非常少。」

他說這些話的時候不帶任何冷嘲熱諷，但也沒有半點同理心，倒流露出中國新興資本家具備的一切蠻橫。高鷺認為，鼠族裡面絕對有某些人能夠成功，甚至是眾所矚目的成功。

「這需要極大的努力，」他語帶欽佩。「在毛澤東時代，人民相當被動懶惰。原因很簡單，他們沒有成功的野心，沒有想擁有法拉利、藍寶堅尼的欲望。現在，有這樣的動力作為驅動，他們會想從底層往上爬。幸好，共產主義在今日的中國再也行不通了。」

他的直言不諱讓我有點驚訝。我說：「那麼中國共產黨呢！如果共產主義是毒藥，那麼它的作用何在？」

「中國是個社會主義國家。」高鷺試著自圓其說。

成功人士的自覺意識

鼠族世界的女人也有她們的成功典範。這個典範並非出身鼠族，但是來自與她們相近的社會底層。

周群飛，中國女首富，從前是個女工。她創立的公司專門生產觸控面板，蘋果、三星等大品牌都是她的客戶。身為藍思科技（總部位於湖南）的總經理，她的資產估計超過八十億美元，而二〇一五年三月公司股票在深圳股市上市之後，創下連續十天漲停。

周群飛在二〇〇三年創立自己的公司之前，是一家手機面板製造廠的女工。如今她四十五歲，持有公司股份百分之八十九，管理超過八萬名員工，而藍思的手機面板擁有五分之一全球市占率。根據彭博社調查，二〇一三年她的營收是三十三億美元。「我認為做人最重要的是，得意時不要太得意，失意時不要太失意。」周群飛如是說。她出生在湘鄉一個貧困的家庭，父親在六〇年代一次意外中失明，五歲時母親過世，十五歲她即輟學開始工作。毀謗中傷她的人主要是男性，他們譴責她，說她的王國明明是靠著嫁給面板工廠老闆才建起的，後來她離婚自立門戶，又反過來成為前夫的競爭對手。

至於高鷺，他從來不曾體會過月底難關的困頓，他出身紅色中產階級，父親是工廠廠長，母親是保險經紀人。不過，他相當自豪自己對於減少中國社會分裂做出的貢獻，尤其他的集團在中國有一千名員工，其中三百名是臨時工。

「當然，我們有的員工薪水很少，」他不以為忤地說，「但是據我所知，沒有任何一個員工住在地下室。我們供餐供宿給清潔工，他們薪水是最低的。我們也從事許多慈善活動，在這部分我們每年投入四千萬人民幣：三成來救助天災像是火災、水災或地震受災戶；兩成接濟那些被遺棄的兒童，資助他們上學；五成則運用在提升企業知名度的活動上。那些透過不明手段取得財富的黨幹部，他們從事慈善活動是為了改善形象、擴大他們的勢力範圍。」

但他不同，他真誠發誓。他認為每天早上他跟司機在保時捷、瑪莎拉蒂、藍寶堅尼或是勞斯萊斯之間猶豫不決，不曉得要開哪一輛去辦公室，能享受這等奢華完全來自於他個人的努力。

「隨著成功的到來，社會與家庭責任也會同時擴大。」他一臉肯定，眉頭也不皺一下，讓人無法分辨其真假。「一個人若缺乏社會責任，是無法成功的。我是個正當的人，熱愛這個社會，而且想把我賺的錢回饋一點給社會。」

我們有太子黨

然而，近兩年高鷺並不太好過，這顯然是受到習近平反貪腐行動的影響。因為這起反腐肅貪行動，針對的就是習近平的政治對手，或是那些黨部核心自認是大老的人。「太子黨」越來越不敢購入二手法拉利或藍寶堅尼。在高層眼裡，黨幹部子女那些玩具成為過分招搖的目標，他們擔心成千上萬的網民質疑以這些人每個月最多一萬二人民幣的薪水，何以負擔得起義大利跑車。這些愛惹事的新手駕駛開著碳纖維打造的跑車，而在他們的父母眼裡，賽車這等奢華運動帶來的意外與變數，卻是更為致命……因為貪腐事實一旦證據確鑿，即可能被判處死刑。

二〇一五年春天，北京一場「野蠻」賽車中，一輛藍寶堅尼與一輛法拉利在隧道撞車了，適逢賽車傳奇電影《玩命關頭7》上映首日。事故地點就在奧運代表場館「鳥巢」國家體育場旁邊，附近車道因此堵塞。這起造成一人受傷的事故發生後，網路瘋傳撞得支離破碎的綠色藍寶堅尼與紅色法拉利照片，其中也包括好幾輛受到波及難以辨識的跑車影像。新浪網引用警方的說法，指出這些駕駛裡頭至少包含一個學生，而警方發布的版本則引起廣大網民的譏諷，因為他們把跑車描述為「小客車」。

藍寶堅尼在中國的售價大約落在五百九十八萬人民幣，而法拉利則要三百七十四萬人民幣。

「他們叫什麼名字？是誰的兒子？」許多微博部落客質問。網路上一片議論紛紛，搜起這票粗心大意年輕人的「紅色系譜」，不過此波言論很快遭到屏蔽刪除……。

早在二〇一二年，北京就曾發生一起法拉利車禍，引發政治圈不小的震盪。當時法拉利的駕駛當場死亡，後來證實他的父親就是中國前領導人胡錦濤的親信——令計劃。有兩名女乘客從殘破的車中被救出，一重傷一裸體。整個事件延燒，牽連出中共黨內高層的貪腐及其子女的行為舉止等種種爭議。令計劃被降職，並因為貪汙受賄遭到一連串調查[1]。而法拉利汽車公司表示出事的車型分明是「兩人座」，不能理解何以有三人在其中，這則聲明讓中國網民啞然失笑。

至於高鷺，他並不擔心「太子黨」這些嚴重車禍會對他造成影響，反而老神在在。「他們從殘破的車身走出來以後，想的第一件事就是下一輛該買哪個型號，」他驕傲地笑了。「幾天後，他們便會打電話給我。通常呢，車禍之後的新聞報導還會讓他們沾沾自喜，他們把自己當成超級英雄，彼此更會互相較勁，看誰出的車禍比較驚悚。」

[1] 譯注：隨著調查的進行，令計劃在二〇一五年被革職並開除黨籍，二〇一六年七月四日被判處無期徒刑、剝奪政治權利終身，個人全部財產也全數被沒收。

潛伏在城市的臟腑，鼠族帶著一種奇異的迷戀心情看著這一切，完全不覺得自己看的是一個機制的衰敗。

「西方國家有他們的貴族世家。」住在下水道十年的王秀青微笑說著。

「我們有太子黨。」

第十四章

萬能的黨
眾鼠仰望的神

世界工廠的隱憂

在調查過程中，我聯絡過市府、政府官員或是黨內幹部，想訪問他們對鼠族命運的看法；不出我所料，這些嘗試皆以失敗告終。然而，一個能夠讓四億中國人脫離貧困的體制必有其道理。再者，理論上來說，一個有意對世界敞開大門的共產政權，應該要抓住任何機會，彰顯它如何努力幫助勤奮的人民提升他們的生活品質、縮短貧富差距。但是社會情感並不是這個政體的強項，我寄給各個行政單位的信件全都石沉大海。

抵達中國幾個月後，我和一位中國政治家，前中國外交部發言人、二〇一〇年上海世博總指揮吳建民的會面，讓我有所領悟。

「我任職駐法大使的時候，剛好碰上法國頒布一週法定工時下修為三十五小時的法令，我把這件事講給中國高層領導聽，他們卻大笑不止。法國？他們這樣的舉動只會削弱自己的競爭力。工作才能帶來財富，每週工作三十五小時會造成被動旁觀的心態，根本是鼓勵大家偷懶。這就是他們笑的原因。」他說。

中共對美國的成功崇拜不已，因而從中挑選有用的美國經驗，期望加速中國的發展，但是他們卻未考慮將人人機會平等的概念，或是美式民主體制導入中華人民共和國。七〇年代末期鄧小平推行經濟開放政策之初，建置社會安全網對中國而言是種奢侈，只是在那以後，這個項目也不曾成為執政者的當務之急，沒有任何事情可以妨礙世界工廠那神聖的競爭力。

他們替自己的「模式」冠上「中國特色社會主義」之名。這個國家逐漸走向市場經濟，卻從來沒有真正轉型。幾年之內，黨內高官紛紛變成資本主義者，然而卻是十九世紀時期那種活在反托拉斯法（Antitrust，反壟斷法）之前的資本主義者。黨內高官分到了整塊中國經濟大餅，由國家壟斷的國營企業。於是，當中國以驚人速度崛起，這批高官的家族也跟著雞犬升天，從國營企業賺得龐大的財富；或是藉由指導公司行號（他們皆與之簽訂了條件豐厚的合約）大撈一筆。所以，「太子黨」，中國第一代高官的繼承人一個個化身為新中國式之「了不起的蓋茲比」，而日益普遍的貪腐行為成為整個體制的壞疽。在他們眼裡，鼠族所帶來的廉價勞動力，是使他們財源廣進的系統機制中不可或缺之燃料。

共產黨所想的只有獨占鰲頭，保存自身。在缺乏民主選舉的情況下，中共仰賴一同創造繁榮遠景這種心照不宣的協議來束縛人民，而帝王便挾著現代版的「天命」，統治著遼闊的大陸王國……直到它被另一個新的王朝推翻。儘管經濟發展的腳步放慢了，薪資還是持續有所成長，並且每年創造出一千萬個就業機會。然而維繫著中共與人民之間的協議卻變得脆弱了，在這樣的條件下，一次經濟不景氣就是一次威脅。而黨幹部無法克制的偷竊癖，更激起人民抗爭的企圖。

「要是價格大幅上漲，或是中國人失業，那麼就會有社會動亂與政治叛變的風險。」北京理工大學經濟系教授胡星斗肯定地說，「但是我不認為中國會遭遇經濟大恐慌，比較可能的是經濟成長逐漸衰退。」

平衡國營與私人企業

近年來，中華人民共和國的經濟模式顯得力不從心，隨著薪資的提高，中國跟勞工成本更低的東南亞一比，已然失去競爭力。它無法再以世界工廠自居，而必須調整規模，蛻變為「世界研發實驗室」。社會不平等令人不滿、缺乏社會安全網、粗暴開發帶來讓人再也難以忍受的汙染、成為常態的貪腐，以及普遍的不安全感等等都是不容忽視的挑戰。然而，想要改變體制、釋放創造能量，當政者別無選擇，唯有打破國家壟斷體制，因為國營連帶壟斷了大部分的投資。但是這麼一來，便會與中共內部勢力龐大之派系的金錢利益衝突。

擁有十三億人口的中國，掌握著一個尚未開發完全的巨大市場，但是專家懷疑這個共產政權是否有能力執行必要的改革。中國想要藉由高科技、消費與服務產業重新將經濟模式導向平衡，未料中國經濟發展的衰退，導致二〇一五年夏天中國股市大跌，引發一陣恐慌。人民幣持續貶值撼動了全球經濟。中國富豪對法國奢侈品或德國車的消費減少了，也降低了出國旅行的意願，因為人民幣貶值之後，旅費自然就提高了。

不過對於中國人而言，最值得注意的是二〇一五年同時爆發的股市泡沫化。中國股市在一年之內膨脹了一點五倍，小儲戶投入大量積蓄，退休人員投入養老金，有些人還貸款來買中國股票，因為它的漲勢彷彿沒有極限。接著，上海股市在三個月內下跌超過四成，許多小儲戶都蒙受巨大的損失。至於鼠族，因為養家餬口都焦頭爛額了，極少有進行小額投資的。然而，幾乎所有的人都受到經濟衰退以及股市暴跌的波及。

因為國家的工業巨頭對於是否要在祖國投入更多資金也同樣苦惱與猶豫。中國首富王健林，大連萬達集團的創辦人暨董事長，專精商業地產與娛樂事業，由於全球股市大跌，二〇一五年八月底，他在一天內損失了三十六億美元，相當於其資產的一成。中央商務區的摩天大廈裡，王健林那寬敞舒適的辦公室傲視整個北京。二〇一三年底，他便在這裡請我喝茶、聊了點他對中國經濟的看法。他的父親是人民解放軍前身紅軍的英雄，曾追隨毛澤東長征；王健林也在沿海城市大連當過軍官、公務員及黨幹部。他與中共高層過從甚密，與所有中國的企業主有著極為深厚的關係。王健林懂得透過比如投資電影或足球來回報國家的期待，因為中共亟欲透過軟實力的建立來提升國際能見度；也敢於對國家高層領導直言不諱。他呼籲他們放棄人為操作、虛有其表的經濟成長（因為那已成為真正的毒品）；如此才能建立起具有規劃且穩固的經濟發展，約落在四到五個百分點之間。

「中國除了鬆綁、給予更大的自由之外別無選擇，因為它也是全球體制的一分子，」王健林一身細條紋西裝，頭髮梳得服服貼貼，語氣真摯地對我說，他已經察覺暴風將近，「這個政府不能繼續在一個封閉體系裡操縱經濟。我們必須促使政府解放私人企業的能量，無論其規模大小。我最大的心願就是終止壟斷體系，讓私人企業可以進入各種產業。國營企業與私人產業終究應該站在平等的立足點上。」

新任紅帝站哪邊

忠於共產黨的王健林，表示他對習近平有信心，但是他對於新的「紅帝」回歸毛澤東思想並不那麼認同。

「毛澤東想要的無產階級專政與持續革命，在我們這個年代已經行不通了。」他邊咒罵，邊小口啜飲完他的茶，「中國經濟在毛澤東領導下垮了，我們在各個領域都落後許多，得急起直追。從共產主義革命到文化大革命的錯誤中，我們該學到教訓，這教訓是要給黨、給權力核心的：千萬不要忽略經濟發展，也不能無視人民的渴望。」

習近平於二〇一二年上任以來，即致力於黨國的復興。對他來說，蘇聯政體正是被各級幹部的濫權瀆職由內而外啃蝕一空，是以他將之視為中共面臨的最大危機。他發起大規模反貪腐運動，打「蒼蠅」也打「老虎」，從基層小奸小惡的公務員到中共最高層權力核心都不放過。事實上，習的「淨手」運動深得民心。隨著時間過去，調查報告與免職公告持續增加，從國營企業到前公安部長周永康，包括軍方高層比如中共前中央軍委副主席，幾乎無一倖免。習近平打貪行動，造成黨內各階層極大的緊張與混亂。此舉成為習排除異己、鞏固勢力的強大武器，也使他成為毛澤東以來中國最強勢的領導人。不過，很多人對於反貪腐的實際成效皆抱持懷疑。政治學家章立凡認為：「這場反貪腐之役，造成國家運作的停滯以及黨內的分裂。」

新上任的「紅帝」帶著親切的笑容，以鐵腕治國。習近平的方法單純且可靠：他採用老派的毛澤東思想，重新推崇純正嚴格的馬克思主義意識形態，不容忍任何爭議，毫不留情地鎮壓。但這並沒有讓他失去普羅大眾的擁戴，特別是鼠族，他們將習近平視為清廉先生；而歸功於中國的網路審查，他也躲過了人民對於習家人致富之道的指指點點。

習近平試圖綜合毛澤東與改革之父鄧小平的優點，修正他們的激進行為，重整黨的意識形態。他的「四個全面」理論聚焦於打造一個「小康」社會，加速改革，強化依法治國及黨內紀律。其馬克思主義無瑕的表面染有民族主義色彩，這在某些人眼中是危險的，因為它很可能擺脫習近平的控制與儒家思想價值。

「有些因素是對他有利的。」法國漢學家高敬文教授（Jean-Pierre Cabestan）、香港浸會大學政治及國際關係學系主任指出：「中國需要社會保障與資源重新分配。習近平有意強調自己是資產與正義的守護者，他所奉行的是包容並促成社會和諧的政策，實際上他卻是站在資方的立場。他的問題，在於再也沒有人真正相信他的思想。」

阻擋、關閉、消滅

中國媒體受到中共當局嚴密的監控，在一場數年來未見的肅清行動中，數十名記者、律師、學界人士及網民被監禁，所有反對或異議聲浪均受到壓制。尤其，中共決議嚴格管理外國非營利組織的活動，致使所有在中國為勞工權益努力、反歧視或是推動健康與教育等機構，士氣是一片低迷。「底層人民」的工作與生活條件還談不上改善，而中國當權者已將ＮＧＯ視為安全威脅而非並肩作戰的戰友。

「普遍來說，抗議與公民社會的發展也不再被容許了。」香港城市大學的中國政治專家鄭宇碩解釋。

國際特赦組織東亞分部主任畢柯林（Nicholas Bequelin）則表示：「所有關於中共政權的深入研究均指出，抗爭將會在接續幾年內發生。當權者對此有所防備，擬定因應的策略企圖將風險降到最低，他們阻擋公民社會的成形，避免它成為另一股力量。而不管是為了捍衛勞工權益或是積極訴求男女平等，非營利組織還可以被容忍個幾年，直到哪一天他們的影響力過大到變成當局的眼中釘，那麼中共自然會想辦法將之消滅。」

政府對於一切可能的威脅都予以鎮壓。中國共產黨亦積極打壓網路言論，因為近幾年來網路已成為批評當局的有力發聲管道。中共設置大批網警、網路審查員，威脅關閉不夠安分的社群網站。二〇一三年九月，中國最高法院、最高檢察院宣布，任何人在網路上散播的「誹謗」資訊只要轉貼達五百次或是瀏覽數達五千次，可判刑三年。

習近平上任之後，即呼籲中共從蘇聯的垮台記取「深刻教訓」。他在二〇一二年十二月一次黨內演講中做此說明：「蘇聯為什麼會解體？蘇共為什麼會垮台？一個重要原因是理想信念動搖了。最後，戈巴契夫輕輕一句話，宣布蘇聯共產黨解散，偌大一個黨就沒了。最後，竟無一人是男兒，沒什麼人出來抗爭。」他決定冒著加速共產政權滅亡的風險，親手整頓，鐵腕治黨治國……。

一夕崩毀或永續榮存

而在北京引發爆炸般效應的，是美國知名漢學家沈大偉（David Shambaugh）的論點。至今為止，這位任教於喬治華盛頓大學政治學與國際關係的教授，向來以對共產政權態度友好著稱，二〇一五年一月才剛被中國智庫評為「第二位全美最具影響力的中國問題專家」，與中共高層關係密切。

「儘管外表光鮮亮麗，然而中國的政治體制早已嚴重衰敗，這一點中國共產黨比任何人都要清楚。中國強人習近平，期望鎮壓異議分子和反貪腐的行動能夠鞏固共產黨的執政地位。他極力避免自己淪為中國的戈巴契夫，卻很可能步上同樣後塵。因為他的專制主義，使得中國政治系統如同一處在高壓之下的社會正走向分崩離析。」沈大偉在《華爾街日報》發表的文章如此預告，並指出：「中國共產主義統治的最後階段已經開始。」

對沈大偉而言，地方上的貪腐、中國菁英逃往外國、經濟上無可避免的減速，無一不是體制末日的預兆。

「就像中國始終存在著極為反動的言論一樣，這些言論背後實都隱藏著領導長才，」法國漢學家高敬文緩頰地說道，「這個國家是由開明的專制主義統治著的。在政權周圍有許多專家，特別是經濟方面的專家，審慎地協助經濟走向現代化。」

與中華人民共和國同樣為共產國家的，還有古巴，原本因與美國的對立使其極權統治得以維持，如今邁入正常化多久了[1]？中國儘管與平壤政權交惡，卻仍然費力支持北韓，就是不想看到另一個共產政權倒塌。只是沒有人敢擔保中國共產黨的政治生命週期，它有可能延續數十年，也可能一夕之間崩毀。毫無疑問地，當這一天來臨的時候，鼠族必定是第一批從洞裡走出來給予噓聲的人，因為這個黨從很久以前就不再為他們提供任何庇護。

[1] 譯注：古巴與美國的關係於二〇一四年十二月有了重要進展，邁向正常化，並於二〇一五年七月恢復外交關係。

後記

鼠族讓人不得不尊敬。他們面對體制，為了脫離貧困闖出一片天而培養出的韌性、堅忍性格以及適應能力，怎能令人不欽佩？而且他們也不指望政府什麼。全世界都一樣，共產國家造就了消極的旁觀心態，隨後D體系[1]方從他們垮台的經濟中被喚醒。中華人民共和國在轉向野蠻資本主義的過程中，同時保留了極權政治體制以及領導階層的特權，這使得底層的中國人成為世界變通之王。況且「鼠族」這個別稱，在中國文化中並非全然歸屬負面。若說老鼠在西方社會中被視為「極為有害」的哺乳類動物（拉魯斯大辭典），中國生肖則賦予牠諸多的美德。

在城市與都會區大量繁衍，「老鼠主要生活在潮溼的地方，牠們對這些地方有所偏好」——線上維基百科這麼寫。牠們在建築物底下或是住家附近挖地洞與坑道，習慣於下水道出沒，用蔬果殘渣或其他帶回來的東西布置牠們的窩，並通常在夜間活動。老鼠雜食，除了動植物以外，牠們走到哪裡咬到哪裡，紙張、木頭、水管、電線，包括某些金屬像是銅、鉛、錫等在牠們利齒下均無一倖免。

---

❶ 譯注：D體系（Système D），這裡的D可對應到法文的Débrouillardise（足智多謀、懂得變通）與Démerde（精明周密），指的是沒有相對應的足夠資源，卻能夠藉由自身的靈活變通與策略運用，讓計畫運轉無礙。

老鼠之所以有害，源自於牠們造成的危損：其一是偷吃穀倉穀物或是破壞電線（二〇一三年福島核電貯存池冷卻系統短路，據說是因為一隻老鼠侵入配電盤所引起）；其二是各種以牠為傳染途徑的疾病：鼠疫、沙門氏桿菌、細螺旋體病。

老鼠的象徵意涵

這種群居的雜食性動物無法忍受孤獨，一群至少是二十隻，甚至上看兩百隻。牠們依賴氣味來分辨彼此所屬的群體。

有一些與鼠相關的形容是具有貶意的，比如：「跟死老鼠一樣臭」、「鼠肚雞腸」、「目光如鼠」、「老鼠過街」。即便有「歌劇院裡的小老鼠」或是「圖書館裡的老鼠」[2]這類用語，亦不足以挽回人們對老鼠的負面看法。

在巴黎，每一個居民至少配有兩隻老鼠，可在亞洲某些大城市，每個人要算上十隻。然而下水道的老鼠在處理人為垃圾方面，倒也扮演著重要的角色，只是這仍無法提升牠們的形象。少了鼠輩，下水道和管道將會永久阻塞，瞧瞧巴黎的老鼠，牠們可是每天吃掉八百噸的垃圾。鼠科動物亦以聰明著稱，牠們之所以落入殘酷的命運成為實驗室的犧牲品，皆因牠們總有辦法改變行為模式避開陷阱或是找到食物。

中國生肖裡對老鼠的形容，則含括底下意涵：企圖心強、果決、熱情、聰明、思想敏捷、具說服力、充滿活力、資源豐富、天生幽默、高貴、對家人朋友慷慨大方等等。「老鼠在中國生肖可是排名第一位。」北京歷史文化研究所趙蘇教授加以解釋。「古時候，為了對抗天災造成的破壞，人類唯一解決之道就是生更多的孩子，而老鼠素為繁殖力強、多子多孫的例子。再者，哪裡有人哪裡便有老鼠，彼此關係相當密切。老鼠最大優勢就是強大的繁殖力及適應力，牠們能夠在極惡劣的條件下生存，無論是水裡或陸地。在中國文化裡，老鼠最大的害處就是會把穀物吃個精光，也因為這樣的破壞力更顯其強桿。」

邸永君，中國社會科學院歷史學者補充道：「老鼠是中國生肖中體型最小的動物，牠耍的通常都是缺德的手段。但是牠在中國神話裡十分常見。根據滿族的傳說，古時候老鼠原本是體型最大、最強勢且最聰明的動物，深得玉皇大帝的青睞，於是將牠封為十二生肖首位。最初幾年，老鼠以及其他十一種動物相處融洽，勤奮於職、守護著地方。可隨著時間過去，老鼠日益驕傲自大，荒廢工作。其他動物於是向天神抱怨，老鼠便受

❷ 譯注：「歌劇院裡的小老鼠」指的是小舞者；而「圖書館裡的老鼠」指的是老愛在圖書館裡啃書的書呆子。

到了懲罰，除了體積被縮小，玉皇大帝還派貓來監控牠。而在廣東或西藏一帶，老鼠是財源廣進的吉祥象徵。不過，若和其他字眼連結在一起，老鼠也可能帶有負面形象，比如表示膽小、卑鄙或是頑強。」

「在中國文化裡沒有絕對的好或壞，比如鼠族這樣的稱呼，可以意味著負面，也可能帶有正面含義，端看上下文脈絡而定。」趙蘇說道。

不過，在邸永君看來，鼠族這個稱呼的屬性沒什麼好懷疑的。他直言：「這個別稱對於在北京辛勤工作的人而言是種侮辱。他們對這個城市貢獻極大，而他們希望藉由自身的努力改善自己的生活處境。」

我的鼠族朋友

北京天空陰沉，這個夏季尾巴時常出現雷陣雨或是暴雨，突顯了中國股市崩盤帶來的那股宿醉情調。在我所居住的聚龍花園，好多公寓都空著沒有新租戶承租，汙染和目前較為灰暗的經濟遠景使得房地產業低迷。而本性使然，「我的老鼠」（我那些旅居中國的朋友都這樣稱呼他們）已經嗅到厄運的氣息。

劉舒真，我朋友鄭元昭的太太，負責我們大樓清潔的那一位笑容已不再。我剛自法國避暑回來時，連續幾天都沒看到他們，害我感到有點不安，擔心要是我人在法國時他們被趕出去了怎麼辦？這樣我們豈不是連再見都沒機會說。後來劉舒真再出現時一臉愁容，滿腹心事，她察覺他們離開的時候近了。她的母親仍然活著，不過只能靠著管線維持生命，靈魂已在別處。劉舒真已經開始倒數她在聚龍花園的日子。

「看看外面發生這麼多事，在這種時候老闆不會給我們糖吃的。」她面無表情地說。

他們夫妻倆都預先告訴我，一旦公司得依照規定替他們負擔健保費用，屆時就不會跟他們續約了。而距離合約到期僅剩不到幾個禮拜。老鄭還是保有他一貫的笑顏，不過他的眼神也黯淡許多。這是第一次我發現他們流露出挫折感，儘管老鄭還試圖掩飾般地對我調皮眨眼，態度一如往常大方。

窩在客廳裡，眼前的雨已經下了好幾個小時了。我的心中充滿其他思緒。我知道西壩河中里臟腑裡的居民正跟大水對抗著，忙著疊沙包，免得水沖入他們的地下室。我十分肯定，日後只要遭逢北京的雨天，這番畫面就會在我腦中揮之不去。

幾天後，雨勢暫歇。北京的天空一片湛藍，一年裡難得一見。整個地面彷彿被清潔淨化一般，城市街道那帶著汙染微粒與數不清黏痰的灰塵被一掃而空。太陽照下宜人溫暖的光芒，大樓映著金光。在地底，城市的臟腑裡，卻開始了走廊泥濘不堪的季節。

我房間半開的窗戶外傳來中國傳統樂器的旋律。經過了好幾個小時，我才醒悟是有人在馬路上拉二胡，接著想及那個人可能是蕭元——三里屯的盲樂師正在演奏他那把「原始小提琴」，殘破老舊、兩條弦。我走出家門，追著音樂旋律跑，一路被電鑽的聲響干擾著。繞過一大片房屋之後，我終於找到拉琴的人了，真的是盲眼樂師蕭元。他跟我信誓旦旦的講的「中國夢」碎了，於是提早離開村子回到北京。他們樂團的其中一發生車禍死了，只剩兩個人組不成樂隊，自然無法在婚禮演奏掙錢。

「大家錢都準備好了，但是他們要的是一組真正的樂隊。真正的樂隊至少要三個人才行。」他氣惱地舉起二胡，恨恨地咒罵了幾句，因為他在三里屯這北京最繁華街區的位置被占了。鄉下的冬天太嚴峻，不如回到北京窩在他溼黏的地下室來得好。不過，這只是權宜之計。

蕭元意志相當堅定。明年春天，他一定會找到另一名樂師跟他組成三人樂隊，重新踏上發財之路。

誌謝

感謝我的夥伴優優。少了他，便無法成就這一切。

感謝Laetitia、Joséphine以及Antoine，與我一起經歷這場中國冒險記。

歷史大講堂
低端人口：中國，是地下這幫鼠族撐起來的

2018年5月初版　　定價：新臺幣360元

著者　Patrick Saint-Paul
譯者　陳文瑤
編輯主任　陳逸華
叢書編輯　黃淑真
特約編輯　林碧瑩
校對　馬文穎
內文排版　林婕瀅
封面設計　兒日

總編輯　胡金倫
總經理　陳芝宇
社長　羅國俊
發行人　林載爵

出版者　聯經出版事業股份有限公司
地址　新北市汐止區大同路一段369號1樓
編輯部地址　新北市汐止區大同路一段369號1樓
叢書編輯電話　(02)86925588轉5322
台北聯經書房　台北市新生南路三段94號
電話　(02)23620308
台中分公司　台中市北區崇德路一段198號
暨門市電話　(04)22312023
台中電子信箱　e-mail：linking2@ms42.hinet.net
郵政劃撥帳戶第0100559-3號
郵撥電話　(02)23620308
印刷者　文聯彩色製版印刷有限公司
總經銷　聯合發行股份有限公司
發行所　新北市新店區寶橋路235巷6弄6號2樓
電話　(02)29178022

行政院新聞局出版事業登記證局版臺業字第0130號

本書如有缺頁，破損，倒裝請寄回台北聯經書房更換。　ISBN 978-957-08-5109-0 (平裝)
電子信箱：linking@udngroup.com

國家圖書館出版品預行編目資料

低端人口：中國，是地下這幫鼠族撐起來的/
Patrick Saint-Paul著．陳文瑤譯．初版．新北市．聯經．
2018年5月（民107年）．280面．14.8×21公分（歷史大講堂）
譯自：Le people des rats: dans les sous-sols interdits de la Chine
ISBN 978-957-08-5109-0（平裝）

1.勞工　2.社會問題　3.報導文學　4.中國

546.17　　107005340